哲学实践的艺术
像对待黏土一样揉搓思想

［法］奥斯卡·柏尼菲（Oscar Brenifier） 著
［美］褚士莹 译　　张梦怡 审校

推荐序　哲学的训练

我阅读法国哲学家奥斯卡的《哲学实践的艺术》一书，心情很复杂，既愉悦轻松，又感沉重。

此书别具一格，写得很具有法国风格，丝毫没有当我们想到哲学时的那种晦涩枯燥。内容就像书名那样，它是生活化的哲学。此书不仅有哲学知识和基本元素的讲解，尤其难能可贵的是，后半部分用较大篇幅，讨论哲学教育，从如何上哲学课，讲到已经在西方社会风行多年的"哲学咨询"方法，这都会使中国的哲学工作者和普通读者受到某种启迪。上哲学课，既与哲学教师有关，也与学生有关，作者显然具有深厚的哲学教学经验，写的是法国哲学教育制度下的课堂上最基础的教学方法。这种"实践"可以被当成一种教学艺术。上哲学课，就像上数学课和物理课一样，应该跨越国界，无论是法国的还是中国的哲学课，其教学和学习的心理过程，应该是相通的。

此书既然与哲学有关，就免不了涉及大量的哲学知识。作者对于从古至今的哲学史相当熟悉，精妙的例子几乎随手拿来，而绝不丧失准确性。作者并没有把此书写成一本通俗读物，而是深入浅出，用看似浅白的语言抓住思想的精髓，这需要相当深厚的哲学基本功。读者可以在不知不觉之中，学到哲学的基础知识。就此而言，此书也可以比作高水平的科普读物。例如，此书作者谈到，就哲学家的思想精髓而论，苏格拉底的问题是："你是谁？"帕斯卡的问题则是："你知道你说了什么吗？"至于笛卡尔，则是"你从哪里得到证据？"而康德这样问我们："你怎么知道？"黑格尔问我们："你会思考事物的另一面吗？"马克思问我们："是哪些物质条件促使你如此发言？"尼采问我们："当你在说话时，是谁在说话？"弗洛伊德问我们："什么欲望使你焕发生机？"萨特问我们："你想成为谁？"作者如此化解哲学家的晦涩问题，却没有丧失问题的深度，这是一种极好的哲学书的写作方法。

再说沉重，此书第九章讲的是"课堂内的哲学讨论状况"，此章开头的句子竟然是："近年来，在中学和小学中，哲学讨论呈现出多种形式，获得了一定的成效。"这让中国从事哲学教育的同行很是感慨，即使早就知道，但仍旧感慨。就是说，在法国的基础教育制度中，哲学教育占有相当的比重。我们中国高考中的"语文卷"和"政治卷"，在法国则变成了统一的"哲学卷"，因为在法国，中学就开设了哲学课，这使得高校的哲学教育游刃有余，而我们国内的高考生，由于中学阶段没有哲学课，绝大部分学生在踏入哲学系时，几乎是从头学起。还有，类似奥斯卡《哲学实践的艺术》这样的书，在我们国内，确实还很少见到。此书的读者受众相当广泛，不仅限于哲学专业的师生，凡是对于哲学训练有兴趣的读者，只要具备基础的哲学史知识，都可以读懂。此书的句子也很精炼，可读性强，相信会受到读者的欢迎。

尚杰
中国社会科学院哲学所研究员

译者序　哲学书怎么读？

最近是我六年以来第三度完成对我的法国哲学老师奥斯卡写的这本《哲学实践的艺术》的翻译工作。这本书目前只在中国出版，即使在法国也没有出版发行的计划。

之所以反复翻译了三次，是因为我自己从这本书当中，得到了丰富的养分，每隔一段时间，就会因为意识到自己对于哲学实践的理解有所进步而觉得需要重新翻译一次，不管有没有出版社愿意出版，有没有人读这本书，都没有关系。

我甚至合理怀疑，我重读这本书的次数，可能比作者奥斯卡本人更多。

出版之前，出版社编辑请我写译者序时，第一句话我就毫不犹豫地写道："请先别急着开始阅读正文，否则你可能很快就会因为遇到挫折而放弃。"

这么说可能很让人沮丧，但是，身为作者奥斯卡多年的学生，也翻译过许多他的作品，我会说这并不是一本适合从头读到尾的书，实际上，可能是因为我资质平庸，我根本没有见过一本适合从头读到尾的哲学书。

那么该怎么办呢？答案只有一个：慢慢来。

在我带领的哲学工作坊中，我会以三个月为单位选取这本书中的其中一章，作为当季的主题，然后将这一章拆成10~12个独立的段落，每个人都要针对一个段落，花一整周的时间去思考，然后再一起使用苏格拉底对话的方式，缓慢地进行提问和讨论，有时对于一个难以完全掌握和理解的章节，我们甚至会每年有一到两次，每次反复进行长达三个月的讨论，而每次都会有很棒的收获。

作为一个独立阅读的读者，当你眼前有一本想读的哲学书，但是没有机会像我们这样组织哲学讨论工作坊的话，我最佳的建议是当你面临一个特定的人生问题，或是有一个特别想要思考的主题时，先仔细阅读目录，选取其中一个相关的章节，然后以一个段落为单位，开始尽量缓慢地咀嚼，不怕慢读，只怕快，只要有一个句子还没有完全理解通透，就不让自己进入下一句，因为没有什么比一知半解、囫囵吞枣的哲学态度更加令人烦恼的事了——即使这意味着一天也许只反复玩味一个句子，也没有关系。

为了自己而读吧！缓慢地读，反复地读，即使随便打开一页，随机挑选一个句子、一个段落来读，都好过勉强自己头晕眼花地从第一页读到最后一页。

因为慢慢想，才能看见美。

举这本书为例，如果你对于照本宣科传递知识的教学方式已经感到厌倦，但是又不知道该如何改变，或是你想知道哲学如何"教"，不妨从第八章"提问的艺术"里面的第一节"老师的角色"来进行思考。

首先，请缓慢地阅读第一段："如果我们只能挑选一个最重要的功能来总结哲学老师的角色，可以说这个功能就是向学生介绍哲学的提问艺术、哲学的基本原则和哲学思考的历史起源。"

请在这里停下来，不要急着往下阅读。

虽然第一段只有短短的几十个字，看起来简单明了，但是请放慢思考：如果一个哲学老师的功能，是向学生介绍哲学的提问艺术、哲学的基本原则和哲学思考的历史起源这三项，我是否能完全理解这三个元素？

首先，我们挑出最简单的第三个元素来思考：什么是哲学思考的历史起源？

然后，我们思考有点难度的第二个元素：什么是哲学的基本原则？

最后，我们再来思考这一章的标题，也是最抽象的第一个元素：什么是哲学的提问艺术？

第一个元素，很容易理解。哲学思考的历史起源，就是所谓的哲学史。然而哲学史是哲学吗？时间史是时间吗？数学史是数学吗？当大多数的大学哲学科系，无论在中国还是法国，往往都要求本科学生按照时代的先后顺序（时间）和地理位置（空间），按部就班地研读中国哲学、西方哲学、印度哲学等，对于每一位哲学家的生平与学说倒背如流，但你难道没有怀疑过：这真的是哲学吗？回溯一下自己的学习经验，是不是有很多老师总是把一门特定学问的历史起源当成最重要的元素？你认同这种强调历史知识的教学重点吗？对于思考教育这是有帮助的，还是只是反映了老师以为"这门学科的发展已经结束"的这种个人误解？如果不赞同以历史起源当作教学重点的话，为什么有那么多的哲学家都在讲述和强调哲学的历史知识，仿佛它就是哲学的本体？一个把哲学史当作哲学重点的老师，有可能是一个好的哲学老师吗？光是这些问题，就足够思考三天三夜了。

如果强调哲学思考的历史起源不应该是哲学教学的重点，那么教导哲学的基本原则，是不是哲学教学的重点呢？哲学可以分为很多不同的分支，主要包括形而上学、认识论、伦理学、逻辑学和美学。以逻辑学来说，如果一个老师将教学的重点放在教导如何使用逻辑进行有效或正确推论的研究，包括形式逻辑与非形式逻辑，讨论逻辑论证一般会呈现的一般形式、哪种形式是有效的以及其中的谬论，这是不是一个好的哲学老师呢？逻辑推理分为三种：归纳推理、溯因推理和演绎推理，科学方法都属于归纳推理、溯因推理，而数学则属于演绎推理，包括形式逻辑和数理逻辑。一个好的哲学老师，应该教学生遵守科学的逻辑，还是数学的逻辑？那么语义学的逻辑，还有法律的逻辑呢？认识了每一个晦涩难懂的专有名词，并且学会每一个术语的正确使用方式，可以快速对一个正命题做出否命题、逆命题和逆否命题，是不是就算"懂"哲学了呢？学会高等微积分的用法，是不是就算"懂"数学了呢？这个问题，恐怕又能想上三天三夜。

　　经过大量思考之后，我们可能会发现，无论是学习哲学思考的历史起源，或是学习哲学的基本原则，其实都只是单纯地学习知识，在网上、哲学史的书上就有详细的介绍，只要具备识字能力和基本理解认知能力的人，都可以自主学习，并不需要一个哲学老师来讲述这些历史或原则。至于哲学的提问方法，就很不同了。提问是一门没有经验老道的师傅引领，就没有办法入门的"技术"，什么样的提问，才能算是哲学提问？一个好的提问，应该要如何符合形式逻辑和非形式逻辑？面对什么问题，要用形而上学的提问，而什么时候要用本体论、认识论或是伦理学的观点提问？提问的真正目的是什么？是为了要展示自己的优越，在辩论中战胜对方，让对方无话可说，还是要促使自己和别人思考，让彼此看见自己的盲区？怎样的提问会激怒对方，而怎样的提问会刺激对方思考？这中间的"度"又该如何拿捏？这是关于第三个元素的思考。

无论思考这三个元素的过程花了十分钟，还是十天，都很好。清楚地思考了这三个元素之后，你就会理解为什么奥斯卡会认为"提问的艺术"才是哲学教学三个重点中真正的主体，而奥斯卡果然是一个好的哲学老师。这时，我们就准备好了阅读接下来的话："哲学是一种反思，是一种处理思想的方式。哲学是文化的前身，而文化仅是哲学的产物。哲学才是本质，文化只是手段。"而这短短几行字，可能又需要花比思考第一段多两倍以上的时间，才能想清楚，但那又有什么关系呢？就像奥斯卡常常说的："思考越慢越好，不是越快越好"，而且"匆匆忙忙的，你要急着到哪里去呢？"

学会享受思考，就是学会享受由内而外的慢生活。思考的过程，就像让怠惰的头脑上健身房锻炼，或是让每天因重复单调任务而疲惫不堪的头脑享受按摩，当我们愿意慢下来思考，有能力慢下来思考，我们也就正式踏上窥探哲学这门艺术之美的漫长旅程。即使一辈子读不完一本哲学书、走不完这段旅程，那又有什么关系呢？只要愿意走在思考的路上，这一生也走不完的求真旅程，正意味着到人生的最后都不会有无聊的一天。

愿意慢慢来的人，一定能够看懂美——无论是试着阅读一本哲学书，或是面对人生。

褚士莹

哲学咨询师

目 录

第一章 哲学的问题

> 哲学是一种反思,一种处理思想的方式。本书把哲学当作一种实践,尽力澄清哲学领域内的种种议题。我们将依照几个主题来检视哲学的含义,分别是"哲学的文化""哲学的领域""哲学的态度"及"哲学的能力"。

1. 哲学的本质　/ 001
2. "哲学"概念的模糊性　/ 005
3. 哲学的"自相矛盾"　/ 007
4. 哲学的文化　/ 011
5. 哲学的领域　/ 018

第二章 哲学的态度

这一章我们将进入哲学的"实践"层面。哲学的态度指的是一个人在思考的时候,他的思考状态和心智状态。这里的哲学态度是技术性的,而不是知识性的。"态度"和"技术",具有几乎相同的意义,唯一不同的是,"态度"讲的是存在,偏重于"如何自处",而"技术"指的是行动,即知道"如何做"。

1. 先放空才能思考 / 023

2. 针锋相对的态度 / 026

3. 激进的态度 / 028

4. 认识自己的无知 / 030

5. 严格的态度 / 032

6. 忠于自我的态度 / 035

7. 开放获取的态度 / 037

8. 谨慎的态度 / 041

9. 哲学态度的组合应用 / 044

第三章 哲学的能力之一——深化

"哲学的能力",即哲学的操作性。哲学在这里被视为一种处理概念或想法的方式。

哲学思考的第一步是进行深化。如深化一个观点,便意味着详细地说明它的含义、论证该观点的合理性、分析它的各个部分、综合地处理相关的观点、为之寻找一些例证,同时也需注意它的预设条件……通过这些深化工作,我们将实现独特的解读,这也将使我们更好地理解自己以及他人的想法。

1. 说明 / 051

   对说明的批判 | 沉思

2. 论证 / 058

   证明

3. 分析 / 062

4. 综合 / 068

5. 例证 / 073

6. 确定预设 / 077

7. 解读 / 081

第四章　哲学的能力之二——概念化

"概念化"是指产生能够帮助我们辨识问题或解决问题的术语,从而阐述新的命题。概念或概念化是哲学思考的一个特征,攸关哲学的活动。我们凭借直觉来使用概念,构成我们的思想。概念是一些关键的词,它可以打开和关闭思想之门。

1. 概念　／086

2. 概念的功能　／089

3. 了解概念　／091

4. 概念的使用　／093

5. 学习或奇迹?　／098

第五章 哲学的能力之三——问题化

所谓的"问题化"的方法，指的是我们通过特定及多元的角度，来探讨同一个问题。"问题"是可疑的，不确定的，在思想层面它往往涉及概念和观点的模糊之处。

我们应主动地提出问题，去进行"质疑"，因为，任何观点都可以被视为一种假设，而不是绝对的或必然的真理。进行质疑，也就是去验证它的合理性，理解它的局限，进行深入的反思，必须能够在采取一种视角的同时也看到它的对立面，如此才能检验一个假设，并进一步构建和阐释这个假设。这将有助于我们超越现有的认识，摆脱存在的确定性，拥抱思考的自由。

1. 可疑 / 101

2. 非假设性 / 103

3. 诸问题 / 105

4. 恢复疑问 / 106

5. 能力与行动 / 108

6. 问题化与存在 / 110

7. 问题化的技巧 / 112

8. 问题化、概念与辩证 / 115

第六章　哲学的能力之四——辩证

辩证是一种思考的过程，通过选取明显矛盾的命题，以这些矛盾作为基础提出新的命题，这些新的命题有可能减少、解决或解释最初的矛盾。辩证是哲学家的重要工作，以对立和矛盾为动力推翻旧有的思想。

辩证的重点不在于进行辩论，展示语词的力量，而是针对一个特定的观点，去质问、去检验、去掏空，穿透到它的基础，清清楚楚地看到这个观点如何存在。

1. 赫拉克利特　/ 121

2. 柏拉图　/ 122

3. 犬儒主义　/ 125

4. 禅宗　/ 128

5. 逆转与转换　/ 130

6. 没有什么是理所当然的　/ 132

7. 辩证法　/ 135

8. 卡律布迪斯与斯库拉　/ 137

第七章 哲学的能力之五——直觉

直觉通常指直接和即时地获得知识,是倾听内在之路的能力,它不需要任何过程,特别是推理。

固定的程序和规则虽确保了推理的有效性和普遍性,但也可能阻塞我们的思考,相较之下,直觉要求我们保持高度"可及性"的状态,帮助我们触及自身的心智和存在,倾听我们内心真正的声音。

直觉对我们心智和存在的触及,主要是采取某种态度的结果,而不是一种具体的行为,它更接近存在,而非行动,它更偏向自身,而非认知的对象。

1. 直觉的地位 /140

2. 预设 /141

3. 黑格尔 /142

4. 即时性 /144

5. 沉思 /146

6. 直觉的评估 /148

7. 可及性 /150

8. 实然的判断 /152

9. 做选择 /156

第八章　提问的艺术

进行哲学思考或进行提问的前提,究竟是"无知",还是"渴望知道"?

判断一个好提问的首要标准是,这个问题并不想直接做出论证或教导别人——这个问题必须意识到自己的无知,相信自己的无知,展示自己的无知,想尽办法不要让提问涉及太多自己的认知。

1. 老师的角色　/ 158

2. 本质与文化　/ 160

3. 典型的问题　/ 163

这到底是怎么回事?｜为什么?｜举例还是提出想法?｜同或异?｜"本质的"或"偶然的"?｜问题是什么?

4. 提出例子　/ 170

第九章　课堂内的哲学讨论状况

讨论如何具有哲学意义？什么构成了哲学讨论？

创建一个讨论，让每个人轮流发言，这已经代表哲学层面的一种胜利了。围绕一个主题，聆听不同的观点，通过倾听和讲话来应对这些观点，感受这些陌生的词汇对我们造成的刺激和影响。重要的是提供一个可进行"游戏"的空间，尽可能运用幽默，降低参与者对判断的恐惧、对别人的凝视和对批评的恐惧，达到"无痛分娩"的效果。

1. 如何看待"意见"　/ 175

2. 发言设置　/ 177

3. 掌握"游戏"的感觉　/ 179

4. 我们在寻找什么？　/ 180

5. 课堂讨论的形态　/ 181

交流新鲜事 | 班级会议 | 针对不同的意见进行辩论 | 想法的"涌现" | 讨论的练习 | 论证性辩论 | 正式的讨论

第十章　哲学练习的规则

> 任何游戏、任何实践以及任何练习，都需要制定规则，包括跟具体要求和限制有关的规则，或要求特殊技能的规则。为了让规则便于运用和操作，重要的是要坚持它们的游戏性和保留质疑的空间。

1. 玩游戏　/ 189

2. 游戏的主持者　/ 193

3. 请求发言权　/ 197

4. 一次讨论一个想法　/ 201

5. 看重问题　/ 206

6. 阐明选择　/ 210

7. 质疑、辩论及深化　/ 214

8. 论述的独特性　/ 218

9. 实质的关联　/ 223

10. 对心的思考　/ 227

第十一章　哲学咨询

哲学咨询的方法十分多样，这取决于设计和应用这些方法的实践者。

我们的方法主要受到苏格拉底"精神助产术"的启发，在这种方法中，哲学家提出问题问对话者，邀请他辨识自身言论的重点，通过区别关键词而进行概念化，通过批判性观点来进行质疑，让自身言论的含义具有普遍性。这种做法明确要求学生摆脱纯粹的感觉，促使他对自己的言论和自己本身进行理性的分析，以此审视认知和存在的意义。

1. 原则　/ 232

哲学的自然主义 | 双重要求 | 前几个步骤 |
神秘回归与进行区分 | 思考不能思考的 |
下到底层 | 它是哲学吗？

2. 困难　/ 243

挫折 | 开场白 | 痛苦与麻醉药

3. 练习　/ 250

建立关联 | 讲真话 | 顺序 |
普遍的与特殊的 | 接受病理

第十二章　通过矛盾来进行哲学思考

自从"矛盾对立"在古希腊出现以来，对立给思想带来了韵律性的变化。善恶、真假、正义与不正义……这些轴心问题阐释了具有张力的不同观点，基于此，一些伟大的原则得以确立，它们提出了一些基础的对立概念，形成了许多判断和价值判断，有助于我们从简单的、参差不齐的观点和混沌的想法中提取出思想。

我们试着列出对我们来说既重要又常见的矛盾清单。这份清单我们确定了三十七组，由两两对立的二十八组对立和三个一组的九组概念组成。

1. 哲学的要求　／255

负荷过重的限定｜哲学和实用性｜
思想的架构｜朴素的阅读｜挑战

2. 矛盾清单　／265

第十三章　障碍与解决办法

> 下面的清单列举出了在反思和讨论中的常见困难和解决方法。它可以作为哲学实践的补充工具，使我们更好地理解思想建构的要求。

1. 障碍　/ 310

意义的偏移｜相对的不确定性｜虚假的不证自明｜
崇尚教条｜用数量辩解｜二手的见解｜鲁莽草率｜
固执己见｜未被解释的例子｜模糊的概念｜
简化观点｜不确定性造成的思考瘫痪｜
综合的错觉｜丧失整体性｜谬论｜难以质疑

2. 解决办法　/ 317

暂停判断｜完成一个想法｜批判的立场｜
思考不能思考的｜分析例子｜
引入关键的概念｜进行质疑

第一章
哲学的问题

1. 哲学的本质

近年来哲学领域出现了各式各样的新教学法，民众一股脑儿地热衷于哲学，书店的畅销书里也不乏哲学相关的著作，这些一再激发我们去思索哲学的本质，或许也引导我们去回应这种质疑：当下对哲学的追求逐渐大众化，这合理吗？

哲学这门学问是否必然要基于博学，基于对世界和人生的整体思考？或者哲学是否必须要基于一种行为方式，基于空谈或批判性分析？这些观点随处可见，呈现许多特殊的含义和可能性，都引导我们以一种特定的（源自偏见或片面的立场）和主观的方式对这个问题做出判断：哲学是什么？

许多理论家可能以身犯险，明确而严格地决定哲学的本质、意义和价值，谴责在他们看来弥漫着意识形态病毒和毒药一般的各种观念，甚至预言哲学要么缺席，要么光荣存在或者黯然死亡。

当然，如果哲学领域并不禁止"选边站"（用"先验理论"①分析的激进派对此绝不陌生），让我们扪心自问，是否那著名的问题化原则②，即哲学老师对学生的要求，不能用于要求那些权威的教授或理论家吗？

在什么情况下，一个论述才可以算是哲学论述？

是当思考成为其自身对象的时候吗？还是论述必须使用"抽象化"的技巧，从平铺直叙转为阐释说明，从"迷思"走向"理性"时才算数？

然而这本身不就是一个矛盾和对立么？因为这代表我们预设"理性"本身并不属于"迷思"领域，而且"迷思"也不属于"理性"。

一段论述是因为"分析"或"概念化"才成为哲学论述吗？还是因为从一段生命"经验"，升华为对自身经验的"反思"才能称为哲学论述？

论述必须本身已经被思考清楚，而且内容说得相当明确，才能算哲学？还是这段话必须要能够鼓励读者思考，字里行间

---

① 英文为 apriori，指的是在有经验之前获得的知识，像是在学会 2+2=4 之前，我们必须已经理解并同意"+"和"="所代表的意思。——译者注
② 英文为 Problematization，指将表面上合理的事情，通过逻辑指出问题，比如我们不能说 2+2=4 一定是对的，只能说 2+2=4 在十进制法中是对的。——译者注

带有隐含的思想才能算哲学？

虽然我们承认，在以上所有的矛盾和对立中，这些条件并不是互相排斥的。

哲学论述是要通过仔细推敲过的文字，来觉察一个人的自我存在吗？

哲学论述是要体现出研究哲学基本问题的基础的形而上学、研究"存在"本身的本体论或批判性思考吗？

哲学论述是某种思维的再现，还是某种系统的阐释？

一个哲学论述是否合格，应该取决于反思的对象，还是思维方式？

哲学论述应当带有道德色彩，还是应当涵括探讨知识本质、起源和范围的认识论①的主张？

如果一段论述全都是在辩论与说服他人，那么哲学的艺术是否沦为话术？如果不是，就定义来说，任何宗教教义都可以是哲学的一个门派吗？

是否任何一种文化都能够阐述出哲学的真谛？

哲学是神圣权威的永恒注解吗？

一个时代的哲学是否带有该时代的色彩？

一个地区的哲学是否带有该地区的色彩？

---

① 英文为 epistemology，指用系统的方式分析人们如何认识世界所运用的知识概念的理论。——译者注

或者，尽管哲学具有多种形态与面貌，但其实是整个人类的共同追求？

我们应将古希腊哲学的奇迹视为卓越的典范吗？或者我们应将它仅仅视为一个历史与文化的特例？

哲学是"人类天性"的内化吗？

而"人类天性"这个哲学概念，是哲学思考的结果，还是伪造的产物？

我们应在所谓"通俗的哲学"和"高贵的哲学"、"经验的哲学"和"科学的哲学"、"自然的哲学"和"人工的哲学"之间划出一条分界线吗？许多这样的疑问企图划出哲学活动的界线，却又无法摆脱越界的可能性。

如果哲学本身并没有包含这种分界的企图，说不定我们应尽力促成元哲学（meta-philosophy）的出现，这是哲学思考的根源，也为哲学练习提供了综合条件。

让我们现在来思考一个问题，想象有两个极端：其中一端是聪明且知识渊博的学者，他们认同古代哲学家的历史地位，认为哲学是一种人类体制、一门关于人类思想的学问，在深奥的概念中产生思考性的著作；另外一端则是哲学的"清盘人"，只相信科学的确定性语言、逻辑和事实的准确性，或是不注重理论而注重实践，尽管他们也吹嘘自己在进行哲思。他们的想法已经超越哲学，视哲学为一个简明好用的工具箱，一张包含概念、问题与程序的全景图，甚至是达成某种目的的手段。这样的看法当然或多或少偏向于技术性，但却可让我们免于落入教条式思考的陷阱。毕竟，这是伟大的体系哲学家一直想要做的事，他们也自称无视威权或教义而只信赖理性。无疑地，这个立场其实也带有哲学实践的精神。

本书赌上一把，在无数永恒的尝试之中，希望再次向读者阐明我心目中哲学的真义。如同其他作者，我们不可能完全不带偏见，也不需要为了避免偏见而因噎废食。

在书的一开始就让读者明白本书的用意总是好的：本书的重点就是想将哲学当作一种实践。

至于哲学的真义是什么，作为一种人类活动，哲学又意味着什么，或许我们无法从天狼星或任何一个宇宙星辰的特定角度，来提出某种绝对的观点，或是去决定"哲学"这个历史久远的名词该有什么意义，但我们仍能借由这本书尽力澄清哲学领域内的种种议题。

2. "哲学"概念的模糊性

自从"哲学"诞生于古希腊以来，这个被视为神圣的名词，就一直带着模糊的色彩。或者，是对今天的我们而言，"哲学"这个概念才有着很多模糊不清或自相矛盾的地方。让我们先从模糊不清的地方开始说起吧。哲学的英文为 philosophy，其实不难看出它的含义，它结合了拉丁文的字根"philo（爱）"和"sophia（智慧）"，象征着哲学家对智慧和知识的爱、渴望与赞许。

确实，我们可以预见到一个喜欢求知的人会有怎样的特点："这人想得周全，而且思绪组织得很好""这人乐于聆听，善于分析""这人不会因为一点小事就情绪失控"……这些特点处处都显现出：求知的人在面对人与事时，会保持一定的距离。

这也是我们对一个所谓"好学生"的期待："这是一个正在学习的人，而且他知道如何学习。"这样的智慧带着某种"主观性"，象征某种生命存在的方式，但如果将其联系到哲学这个英文单词中"sophia（智慧）"的意义，则这种智慧脱离不了"求知"及"了解"的事实，因此也与某种确定的"客观性"（从不同观点或角度来思考或判断都觉得合理）密不可分。

虽然这样的解读方式还算相当易于理解，但这仍被视为一种乌托邦的理想目标，是一条理想的、无法跨越的界线。这对于我们今天这个充满怀疑的时代来说，是不切实际的，因而不被接受。

某些对个性的过度张扬不利于求知，但这并不会减损知识的真实性，因此，在同一条件下我们仍有可能保持我们独特的存在方式和思考能力。实际上，这两者之间存在一种必然的相互关系。

先不管孰是孰非，拿科学家来打比方：一个科学家确实有可能是个"最烂"的人，同时又是个"最棒"的科学家。对权力的欲望、狂妄自大、自私、骄傲、叛逆等诸多的"性格缺陷"无论多么令人讨厌，都无法阻止一个博学的人变得更加博学。

不同于大多数古人的看法，就像拥有很多金钱或权力一样，我们甚至可以说拥有越多知识，就越会让人变得不理性。知识促进了非理性，而非智慧。在此，"理性"与"智慧"之间，被逻辑挑出破绽的可能性（也就是所谓的"问题化原则"）比我们原先想的更明显。

斯多葛学派的古希腊哲人，主张世界及城邦的真实基于"统一"与"和谐"，但是其他学派，例如否定社会文明、强调回归自然的"犬儒学派"及创造爱菲斯学派的晦涩哲人赫拉克利特却认为"冲突"更为重要并构成了原初的现实。即使是提倡世人互爱的基督教派，对知识的看法也带有浓厚的抗争色彩。它谴责违反禁令而追求"无用"知识的人，认为这是原罪的主要源头。若没有博爱，知识一文不值。

在这种情况下，偏好怀疑的现代人，只能让自己卷入这道在思想活动中频繁出现的裂缝。

3. 哲学的"自相矛盾"

现在让我们来看看哲学的自相矛盾。依据传统，哲学家并不是诡辩家（sophist）。因为，哲学家认为自己无知而探索和求知，诡辩家却认为自己已经无所不知。诸如毕达哥拉斯或柏拉图等人都强调"哲学"这个名词，他们制造了这个词并赋予其光环。他们想要告诉我们，若要求知，必须先有求知欲，要有求知欲，最好的方式是认识到自己什么都不知道，或知道的事非常少。这样的诚实是一种谦卑，而这种谦卑能带来知识。相较之下，夸耀自己学问渊博的人不再求知，不再发问，因为他认为自己什么都知道。柏拉图严厉批判诡辩家，将他们勾勒成运用"知识"作为"权力"去操弄他人的人——他们一味说服听众相信他们具有知识的力量和有效性，却不再求知。

我们在这里再度发现了智慧与知识之间的联系，哲学家这种态度上的"精神洁癖"成了他们知识的基础。但是，这里的矛盾在于哲学家终将夸耀自己的谦卑——因为谦卑，哲学家得到通往真理之路的特权。

诡辩家的狭隘思想，与哲学家开放、有力的思想构成了对立。这一把骰子已经掷出结果：谁会想当吹嘘的诡辩家，而不号称自己是哲学家？局势逆转，哲学家变成了真正博学的人，而诡辩家变成了无知的人。实际上，双方都认为自己真诚无欺，在他们的眼中，自己的看法都既正当又合理。

因此，你搞得清楚到底谁才是诡辩家，谁又是真正的哲学家吗？

第一章
哲学的问题

除非去探查他们的内心。众所周知，这是件艰难的差事。今日的哲学家是否就等同于古代的诡辩家？此外，宣称自己无知就能够博学吗？骄傲且固执的科学家，其博学程度低于一个无知而不自夸的好人吗？柏拉图试图解开这个死结，指出所谓的智慧是我们所知道的知识以及我们所不知道的知识。这样的解法很有趣——它尝试一举道出我们的知识和无知。但这种特别的看法却是有问题的：如科学所示，知识主要呈现为一种理解和改造世界的能力，认识到自己的无知和疑惑，并不会产生效用，甚至刚好相反。

从哲学的角度来看，必须先清楚人自身跟知识的关系，但科学家可能认为知识本身就有其价值，而跟知识的关系纯然属于心理学或哲学的领域，是一种全然不同的领域。某些物理学家批评他们的同事变成了认识论的研究者，而不再是物理学家。这可能是因为这些同事有些疲倦或懒惰，或是他们正追随学术潮流。

因为历史及过去很多的经验累积，我们意识到自己现在正处在一个回归到"说到最后一切都是人的问题"的时代。过去很长一段时间，我们以为"人的问题"是"心理"层面造成的问题，现在却发现，真正导致"人的问题"再度浮现的原因，并非出在"心理"层面，而是因为我们以"道德"作为管理人类活动的基础。

我们不会先打听一位医生是否过着健康的生活,再决定是否找那位医生治病,我们只会打听他的医术,以及行事是否诚实。在不知不觉中,我们彻底将知识与认识论分开,也将认识论与心理学分开。无论正确与否,在这里,现代对心理学的狂热,以及近年来对哲学和伦理学的狂热,可能再次表明人们重新考虑认知主体的思想意识对于知识建构的重要作用。

现在我们将要分析四种不同的解读方式,用逻辑来找出"哲学"这个概念的问题。我们将以其中一种轮流对照其他三种的方式来探讨,因为如前文所述,它们彼此牵一发而动全身。我们将依照下列几个主题来检视哲学的含义,分别是"哲学的文化""哲学的领域""哲学的态度"及"哲学的能力"。

有时候,这些不同的含义是相辅相成的,有时却毫不相干或互相排斥。

在我们以上选定的范围中,我们这一章后面两节将先行快速探讨前两种哲学的含义——"哲学的文化"和"哲学的领域",之后将用大部分的篇幅深入探讨后面两种哲学的含义——"哲学的态度"(第二章)和"哲学的能力"(第三章起)。

4. 哲学的文化

从我们在学校里上的课程、我们出席的会议和阅读的书籍来看,"哲学"对于许多人的主要意义在于文化,包括它的作者、奥义、学派、年代、各种神圣的理念以及各种概念工具。

我们对哲学的了解通常是通过学习得来的,而且需要内行人的引导,因此对门外汉来说,哲学是难以理解的学问。试想,如果每个人都认为他们无力推动数学这门学问的发展,那么光凭个人又怎么能创造出过去的全部思想呢?毕竟,这是许多个世纪以来,通过每代人的缓慢工作与天才的杰出贡献才积累而成的。难道我们不是站在巨人肩膀上的侏儒吗?伟大是一种诱惑,使人相信自己天赋异禀,而刻意忽略自己的劣势。

从另一方面来说,如果学习哲学的用意,全是为了培养出独立思考的能力,难道我们不知道约定俗成的概念会让许多思考短路?就像数学或物理的概念被设计成公式引用,让人得以免掉冗长的解释与说明。这很有用,但同时也会让头脑结冰,使头脑无法思考——头脑需要思考才能发现新证据。

工具从来都不是中性的,若非自然的,它很容易成为一种教条。因此,亚里士多德或康德所整理出来的概念区分,虽然特别有用且重要,但却诱使人们避开在逻辑上去进行质疑(也就是先前说过的"问题化"原则)。

如历史所显示的，要舍弃甚至评论这些作者的思想，也变得越发困难。因为这些作者的思想已经像字典般可靠，而且不可回避。

别忘了每个"流行"的背后，总有理性故意忽略的原因。

"技巧"是人类专有的一项能力，是区别自然和文化的一项工具，让人又爱又恨。

因此，如先前所述，想要再创整个数学的历史是不可能的，当我们谈到数学的形式和数字的概念时，古人的贡献不但非常有用，而且是必要的。哲学也是。我们不能假装自己没看到哲学的文化传承，不能故意忽略重要的元素，因为它们攸关思考，是哲学的价值；我们也不能忽视思想的历史起缘，因为它是历时悠久的人类智慧的发展，而我们是继承古人的后代子孙。

接触哲学文化让我们得以了解自己，得以展开思考，虽然不需要对组成哲学文化的元素歌功颂德，但要尝试去理解为什么这么多优秀的人才，会花那么多时间和精力玩味这些表面平凡或常见的想法——尽管哲学不时会因为跟世间约定俗成的意见有冲突而伤害人们对哲学的评价。

"意见"无疑是哲学实践上最主要的障碍，巴门尼德[①]已在他的时代指出这一点。从古典哲学来说，因为"意见"以表面

[①] 比苏格拉底还要早的古希腊哲学家。——译者注

上看起来像思考的伪装出现，是一锅东一点西一点到处捡拾各种想法放在一起的大杂烩，没有经过任何的分析，每个人随意重复他人所说的话，说话的本人却往往浑然不觉。

意见很常见，它陈腐、空洞无物，未灌注任何心血也不需要什么特别的追求。这也难怪巴门尼德以"不可分割的真理"反对"凡人的意见"，因为意见是不真切和不值得相信的。

以另一个角度来看，意见会妨碍哲学，因为意见是具有恫吓作用的稻草人，是"达摩克利斯之剑"[1]，沉重得让自己感到末日即将降临，却又向他人挥舞以展示自己的力量。

任何人若企图绕过哲学权威作者，不去爬梳他们那些被奉为圭臬的论述，可能会沦落为在学术界被流放边疆的命运，因为他的见解会被归类为个人意见。同样地，那些大胆宣称他们正确解读了某位作者原意的人，也会落得相同的不幸下场。意见总被认为是虚伪不实的。

但也有另外一种人，刚好相反——为了展现哲学素养，故意说出从未有人说过的惊世骇俗的话，或针对别人的话语提出相反的看法。专业的哲学家之间很容易彼此咒骂，我们无须感到惊讶。

此外，柏拉图提醒我们不要掉入信手拈来的想法和约定俗

---

[1] 在古希腊传奇故事中象征着权利总与危险并存。——编者注

成的词语中。他指出一条路径，帮助我们处理这些想法，让思考化为行动。

柏拉图虽然批判"庸俗"的见解，但他也批判被奉为正统的"博学"见解，因为即使是"博学"的见解，仍旧只是意见。即使哲学家成功地逃出洞穴、黑暗和假象，成功地跳出"洞外"思考真理，他仍会觉得自己有义务返回"洞内"，好让"洞内"的人因他带入"洞内"的光而受益，并且让他们也一起面对真理。

即使可能会在返回"现实"的途中遇难，哲学家也不能一直躲在象牙塔里。苏格拉底总是不断批判和嘲笑那些权威的意见，他更偏好于可以激发自主思考的对话，而不是仅获得知识，重复那些出色的想法，尽管有时苏格拉底也难以克制地提出自己哲学的要素，或是运用他自己的直觉。那些博学者的见解已经僵化，因此那些意见也只是一种意见，它不再产生于问题的源头，也不会在解决问题的过程中进步。基本上，他们停止了对自己的反复质问。

让我们谈谈法国哲学家帕斯卡对个人意见的看法吧。他宣称真理确实可以在个人意见中被找到，只是不在提出意见者自己以为的地方（就好像一个人觉得自己挺美，有可能确实如此，只是别人认为你美的原因，和你自己想的可能完全不同）。也就是说，个人意见跟真理并不是对立的，真理以相当混乱的方式，隐藏在个人意见的核心里，但意见中真理的质量往往没有意见拥有者自以为的那么多。

这个观点所产生的后果是，人们往往根据自己所理解的内容，回到自己的个人意见中去寻找真理。然而哲学要发展，不能只是站在门外寻找貌似有智慧的对谈，而是需要通过反思、不断地质疑，反思思想本身。因此，哲学跟个人意见之间存在着辩证的关系。这也是康德在分析常识时所解释的，常识一方面为哲学思考提供基础，另一方面也变成了哲学思考的障碍。

如前文所述，我们的思想并不会自然而然地产生。它既来自个人的历史经验，也源自文化和社会。因此，思想应当把这些条件都考虑进去。中国人的思想不同于美国人，美国人的思想不同于法国人，这是因为文化的因素影响了具体的个人，国家之间的明显差异导致了各国民众的差异。一名生长在某种文化下的著名作者，无论他的作品是否能回头去影响该文化，或者他只是该文化"塑造出来的典型产物"，这些其实都并不重要，真正重要的是在任何情况下，文化都会丰富并且滋养这个作者的思想。但人有时候很蠢，蠢到会想尽办法去否定文化在他身上的灌溉、滋润，即使外人一眼就能看出他根本就是那个文化下的典型人物。

同理，那些对我们来说带有异国风情的作者，他们跟我们之间的隔阂反而让身为读者的我们觉得自己是另类"文青"，产生自己仿佛很独一无二的错觉。

因此，如果能够践行哲学，或应用哲学的观点，同时了解哲学文化与各种思潮的历史，熟习不同作者与学派辩论的主要议题，我们就能更有效地确认和理解我们到底在乎的是什么，与我们对话的人，他们在乎的又是什么，由此得知妨碍他们前进的困境。

已经发展出来的概念，当然可以是很有用的工具，我们应当学习，但学习的目的并不是为了满足虚荣，让人赞赏我们的博学，而是因为这些概念可以简化我们的工作，帮助我们做起事来更精确、更有效。

使用已知的概念，并不会减弱知识的自由和独立性，实际上正好相反，这可以让我们摆脱枷锁，解除施加在我们身上的期待。因为使用概念，我们就不再需要墨守长久以来的世俗观念所设下的种种繁文缛节，我们反而可以用概念来保护自己，不再受所谓专家的钳制，避免专家们用不重要的细节找我们的麻烦。我们可以活用适合我们的历史成果，依照我们的需要，尽情地让哲学概念为我们所用。

让我们很快区分一下哲学文化里的两种主要类型："历史主义"和"实用主义"。第一类带有较强烈的"欧陆"色彩，偏向形而上学，重点放在"内容"上；第二类植根于盎格鲁-撒克逊的"英国"哲学，偏向分析，重点放在"形式"上。

第二类哲学，跟科学或技术性知识很像，效仿科学，以技术性知识为模范,夸耀自己的科学本质、效率和现代性,着重于哲学论述的本质及论述有效性的评估方式或哲学的实践层面。

相反,"欧陆"色彩的哲学,则企图建立伟大的普世价值和基础规则,以推理的方式传达不需要经验就可以得到的"先验价值"和研究已经存在的价值观的"价值论(axiology)"。

这两种不同的世界观的主战场之一,就是"道德"。实用主义的逻辑强调行动的后果,而"幸福论(eudemonist)"的逻辑因为相信人生的终极目的和生命的意义在于求取幸福,推崇美德,并认为根据德性就可以判断善恶,而采用较自主的态度,不关心行动的后果。很自然地,如果认为好的行为并不会直接带来好的结果,那么,强调追求美德的幸福论者将特别重视过去的行为,而强调追求效用的实用主义论者则会紧盯着未来,两种视角本身都存在盲点。

结论是,若要讨论哲学的文化层面,回顾德国的"教化(Bildung)"概念是很有用处的。这个名词出自十九世纪的哲学家,包括洪堡和黑格尔,字面意义指的是教育及自我的塑造。"教化"所要实现的结果是主体的成熟、心智的和谐,不仅事关个体,还关系到社会。

通过检验主体的知识和信仰,通过与相信意识不需要经过学习的"自然意识"构成必要的对立,主体得以转化身份和完成其自身的观点,这种"教化"的观点有别于一种特定的环境心理主义（ambient psychologism），后者将一个人的本质和个性都当作难以捉摸又不可避免的数据资料。

但是，"教化"的观念并不排斥天赋和个性的多元性，这样的多元性以及其所强调的辩证关系，是社会发展的要素。事实上，在一个理想的角度上，"教化"是在个体和社会之间的关系上添加了一个重要的维度。它的理想是陶冶人类，教化人类的情感及智慧。目的不在于展现知识与广征博引，而在于一种精神上的成长，一种对存在的重视以及对社会的注重。

以这种方式，"教化"超出了某些形而上学的概念，也更胜于拒绝承认普遍性的某些后现代主义。

5. 哲学的领域

现在我们所要探讨的哲学的第二种含义，称为"哲学的领域"。

因为，尽管哲学宣称对任何事物都感兴趣，在理论上包容一切，但哲学仍有其偏好的领域。

某些哲学家看似注重方法胜于内容，例如苏格拉底和他所提倡的"精神助产术（maieutic）"用尽方法来质疑、提问及启发思考；又例如黑格尔与他的辩证法，暗示着一种否定的方式；

还有康德和他的先验理论，也是如此。

然而，在思考的历史中，对内容的关注还是远大于对方法的探究。我们可以说多数哲学家都持有属于自己的特定理论和观点。换言之，他们会用理论去捍卫自己某种特定的世界观，例如唯心主义、唯物主义、经验主义或功利主义，因此他们会提出特定概念，来建立他们的"体系"。

哲学家对于他们所发现的问题，通常会选择特定的手法来处理。在面对持相反立场的哲学家时，他们通过对反对者提出异议或批判，逐渐坚定自己的立场。

话虽如此，还是有些折中的哲学家，例如，十七世纪的德国哲学家莱布尼茨，宣称他认同所有哲学家。然而，他其实还是会驳斥其他哲学家的论点，尤其是与他的立场相悖的观点。

所以，哲学领域究竟是由哪些概念及问题界定的？让我们试着来做一些记号，因为思想史上的诸多重要变革，就标记出了这个领域的发展过程。

毫无疑问，人类很自恋，人类相信自己是万物的关键所在，而且人类是会思考的个体，所以人类第一个思考的主题就是人类，我们可称之为"人类学（anthropology）"[①]或一种对人类存在

[①] 本书中的"人类学"是哲学意义上的，研究与人类有关的深层哲学问题（如道德、政治等问题），含义广泛；当今大学里具体的"人类学"学科则主要研究人类各时代各民族的生存样态，尤其关注社会文化。——编者注

的关注。人类是谁？在做哪些事？会往何处去？人类是简单的还是复杂的？人类是道德的还是不道德的？是自由的还是坚定的？人类的最终命运是什么？

其他还有两个思考的主题，附属于第一个主题但和思考人类这个主题同样重要。其中一个主题是"宇宙论（cosmology）"。人类生活在哪里？世界是什么？世界是一个还是多个？宇宙是有限的还是无限的？宇宙是被创造出来的，还是自己产生的？另一个主题是"认识论"，探讨知识与真理的问题。我们如何解答自己的疑问？我们的知识可靠吗？我们如何对真理进行确证？

接着，另一个思考主题是形而上学（metaphysics）。形而上学超越了物理现实和感官经验，主张现实之外必然还有另一个原初的实体。这一形而上的实体更为基础，作为范本，可以用来解释我们所熟悉的现实世界。世界及人类出现前的宇宙是什么样貌？可观察的现象是怎么形成的？万物的存在和运动是否具有某种根本原因？除了可察觉到的人、事、物，还有什么？有什么可摆脱时间的束缚，或者时间是由什么构成的？人类有灵魂吗？

请容我在这里插一句嘴，我在这里列出的各种思考领域，其顺序并无因果关系，也不是思潮出现的时间顺序，因为没有哪一种顺序可以作为适用于各种标准的模板。

回到正题。

接下来是"伦理学（ethics）"，从善恶之间的对立探讨人类行为的正当性，指导日常的决定，尤其是与他人相关的决定。"我"应当怎么做？"我们"又应当怎么做？如何知道该做什么？我可以自由地做自己想要做的事吗？我有亏欠别人什么吗？

再接下来是"心灵哲学"，探讨人类心灵和心灵活动的机制。心灵是单一的还是多重的？心灵可以宣称有自主性吗？我们想要什么？心如何工作？心会生病吗？我们如何锻炼自己的心灵？

最后一个是"美学（aesthetics）"，探讨和谐、美丽、创意、想象力、心灵和感官的愉悦。为什么某些东西特别吸引我？我们喜爱的东西都相同吗？品味可以培养吗？什么才是美的？是因为其自身而美，还是因为使人愉悦而美？

为求简化，我们可以使用三门学问之间的传统分界："认识论"，过去称为逻辑学，探讨真理；"伦理学"，探讨善恶；"美学"，探讨美。"真""善""美"这三个超验的概念，似乎跨越年代和地理的疆界，架构出哲学的基本样貌。

如同多数为求简化的做法，这可能冒了过度简化的风险。但是，即使这三个基础概念不再流行或不再被视为正统，采用这样的传统分界却仍然相当有效。

我们当然也可以结合其他领域，让哲学的全貌变得更加复杂，显得更加现代化，例如政治哲学或社会哲学，或和认知科学有关的心智哲学。

但我们在这里要做的事并不是盘点所有的哲学领域，而是划出一条哲学的分界线，帮助我们了解哲学的范围和大致面貌，帮助我们判断一门学问究竟是哲学，还是不算哲学。

我们的分类，同任何分类一样，都像是一盏指路明灯，通过替换和重新思考这一分类框架中的某些概念，我们将更好地理解对象，获得新的认识。这种分类也可以涵盖一些特例，它们可能会造成一些干扰，但是，可以帮助我们了解自身的处境，设想隐含的包含关系和特定问题的本质。

分类也有助于精确检视每一个问题的特殊性，避免我们的提问在浩如烟海、混沌不清的各式各样的思考主题中被淹没。

因此，以这种随性的方式，对哲学的领域进行界定，我们能够提醒自己：即使是一种暂时的真理、一个有待统一的原则，也能作为工作和思考的前提，因为我们可以在实际工作的过程中再对其进行调整。

第二章
哲学的态度

现在让我们来探讨哲学的第三种含义，进一步说，我们将探索哲学的"实践"层面。

1. 先放空才能思考

哲学的态度指的是一个人在思考的时候，他的思考状态和心智状态。不同的态度，人们对它们的评价各不相同，我们不会假装世界上有一个举世皆准的最佳哲学态度。

在哲学的历史之中，不乏有人为了能够青史留名，故意去探讨一些冷僻刁钻而稍纵即逝的主题，但我们这里想说的是普遍的哲学态度，例如"求知欲"，就是自我觉察到自己的无知因此希望获得更多知识的态度。

"怀疑"也是一种普遍的哲学态度，尽管有时它被奇怪地归为一种顽固的教条主义。这是因为它为了规避犯错的风险，不敢哪怕短暂地采用肯定的表述。

禅宗（Zen philosophy）也将怀疑称为"毒药"，因为怀疑会让我们的行动和决定举棋不定。但是，怀疑的态度，其实对于思考很重要。

怀疑的态度往往还要搭配"暂停判断"一起运用。这个态度可以帮助我们用比较开放的心态去检视问题。

我们虽然常常站在反面的立场思考问题，以为这样就可以真正了解问题的全貌，但其实我们早就心有定见，没有打算思考。

更加恰当的说法，应该是所谓"问题化"的方法，这指的是我们通过特定及多元的角度来探讨同一个问题，由此可以看出一个有道理的说法也有不合逻辑的地方，而一个我们不赞同的说法确实也有合理之处。我们当然可以指出不合理的地方，我们也可以找到同样充足的理由，说明合理的原因。但我们必须承认，完全不带偏见是绝对不可能的。

"问题化"是一种态度，也是一种技巧。我们将在讨论哲学的能力时进一步深入这个主题。

"惊奇"则是另一种哲学态度，这是举世无争的事实。一个人对某件事情感到惊奇，可以让他以全新的眼光，来检视一件可能因为过于平凡而往往受到忽视的事情，因此可能会有新的发现。

如果我们对于社会福利团体拿捐款去做什么一点都不在乎，

听到有个公益团体用几亿去购买房产也不感到惊奇,那么我们就不会有机会去深入思考。

先放空,抱着怀疑却开放的态度,不带成见地进行"观察"和"分析",我们就开始了动脑的过程。

"观察"和"分析"对于哲学而言极其重要,这两种能力都来自专注的态度,专注同样也是惊奇的原因之一。事实上,专注有助于提升我们的辨别能力,在此基础上,即使平凡的现实也会变得令人惊奇,因为我们不再认为有什么是理所当然的。

有种人表现出仿佛看破人世的超脱,无论多么夸张的事都不觉得意外,其实只是根本不懂得观察,不知道如何分析,也不会思考而已。

同样的道理,也适用于"质疑(question)"。

质疑作为一种概念化和分析的能力,要求我们假设知识的世界和思考的主题,就像纹中纹、镜中镜那样,是无穷无尽的"嵌套结构(mise en abyme)",没有事物应该被视为理所当然。就像回到孩提时代,没有什么是已知的,对万事万物都怀有"为什么"和"怎么样"的疑问——心是放空的,而不是满的。正如苏格拉底所说,为了开始正确地思考,我们必须认识到自己的无知。

2. 针锋相对的态度

在探讨公认的哲学态度后,让我们来探讨某些特别的态度,这些态度较有争议,但因为够普遍或够特殊而值得我们注意。它们也带来了有趣且值得探讨的问题。

首先是哲学的论争倾向,它往往基于矛盾,又激化冲突。

尽管这一倾向,早在古希腊赫拉克利特或苏格拉底的时代就已经出现了,但在斯多葛学派和以美国实用主义为代表的科学传统中,它却被排除在外。因为思想上的进步已经不再依靠人与原则之间的冲突或对抗了。在斯多葛学派中,更重要的是接受世界的能力,在某种程度上,这也是通过理解和认识现实世界,进行自我操练的能力。促进思想进步的,不再是进行对抗,而是"关注自我"。

在美国实用主义的科学观里,也可以找到类似观点。在科学的研究方法里,往往强调的是团队的合作与分工,依据特定的共识,让相异的人、事、物实现互补而达到"相得益彰"的效果。

然而,受到黑格尔启发的思想家马克思,将理解世界的能力、自我意识与世界内在的矛盾对立结合在一起。具体来说,人类在历史上遭遇了许多冲突和对立,对于这些问题的认识和解决意味着世界内在矛盾的辩证发展。正像法国哲学家笛卡尔

第二章
哲学的态度

说的,"接受这个世界"和"接受冲突"正是哲学上看起来相互抵触但却极为重要的两种态度。

也有些哲学家,提出"刻意保持距离"的态度,认为这是深入哲学的重要条件之一。德国哲学家胡塞尔主张的"现象学还原(phenomenological reduction)"就是个例子。[①]"现象学还原"要求超越现实的表象,把握普遍的和概念化的东西,这一原则也涉及古代哲学思考的传统方式,即从个别、偶然的现象中,理解事物的本质。

但反对这个态度的流派也不少,像"唯名论(nominalism)者"[②]"犬儒主义(Cynicism)者"[③]"实证主义(positivism)者"[④]"存在主义(existentialism)者"[⑤],他们拒绝赋予概念或普遍实体以过度的或是人为的现实性,认为应在具体的现实中进行探讨。

最后一个需要指出的存在争议的态度是"人道主义"。尽管关心和同情人类的理由显而易见——因为人类是唯一具有理性

[①] 他主张要用自然的态度去直观事物本身,回到未进行哲学反思之前对待外在世界的直观态度。——译者注

[②] 认为只有感官能够感受到的个别存在才算存在,"共相"并不存在。——译者注

[③] 反对一切世俗事物的束缚,包括礼法习俗、衣食住行等惯常的欲望。可以追溯到古希腊犬儒学派。——译者注

[④] 坚持当感官发现时,就必须接受事实,而不能进一步解释。如孔德。——译者注

[⑤] 强调个人的自由和主观选择,认为个人可以自主地决定自身生存的意义,而不被某种"本质"(绝对的规范)所限制。如尼采、克尔凯郭尔。——译者注

且能够进行哲学思考的生物，但是由此将人类和其他生物尤其是动物全然区分开来，赞美人类，这种态度又是不合理的。

另一些哲学家疑虑重重，他们希望表明，在某种程度上人类的这种特殊力量也是人类的弱点，正如叔本华所说，理性使得人类成为最可恨的生物。虽然罗马帝国的神学家奥古斯丁和法国哲学家帕斯卡也都有讨论到这项人性弱点，但他们却把这点当作人类伟大的证据。

在这一点上，哲学家如何看待人、神关系的预设立场，往往造成结果的误判，因为基于同样的原因，人类既可以被解释为具备荣耀的神性，也可以被解释为是再三选择拒绝向善的堕落者。

对了，德国政治哲学家汉娜·阿伦特不也提出了"平庸之恶（banality of evil）"的概念吗？她说，极端的邪恶，未必出于心理变态者或狂热分子，普通人在日常心理的驱使下也会犯下同等罪行，这就强调了人类的平凡生活中所隐藏的邪恶力量。

3. 激进的态度

通过上文，不难发现，哲学思考普遍存在着一种"激进"

的姿态。

即使哲学家宣称他就事论事，但他总倾向于认定某个世界观，基于这个世界观认识和理解各种事实、事件、事物和人类，寻找特定的一致性，甚至是为自己下意识的选择提出合理化的辩护。

从这层意义上来说，哲学家总是随时准备找到和谴责他人的不同意见，即使是法国文艺复兴后期的哲学家蒙田也一样，他曾企图发展出某种折中主义来取代教条主义和系统化的精神。又如尼采，他发展出一套如游吟诗般轻逸的思考，批判哲学的沉重，但又情不自禁地拥护沉重的理论、严苛的论点，并警告各种思考的严重后果，最后变得一点都不轻逸了。

这种激进的姿态，在偶尔选择折中的时候，就被认为是充满智慧的理想典型，这就是中庸之道。

比如亚里士多德所说的"美德"，理论上就是处于两个极端之间，例如谨慎的美德就是鲁莽和恐惧的中点。

康德在批判的立场上回应笛卡尔式的怀疑，尝试将哲学的正确态度，界定在教条主义和怀疑主义之间的"既不……，也不……"的位置上。既不是天真、无忧无虑地全盘接受，也不是系统性地、多疑地、恐惧地拒绝。

这种批判的视角，源自世人普遍对于（无需经验或先于经验获得的）"先验知识"的不信任的态度，但这也等于欢迎我们去检查使这些先验知识成为可能的前提条件。

试问，对于笛卡尔和康德来说，如果他们只是一味地拒绝权威的论证，而没有发挥理性的超凡力量，没有给出更加复杂或更加合理的论证，那么他们是否也陷入了另一种教条主义之中呢？这是一种更加微妙、更现代的教条主义。后现代主义便是如此，他们反对理性的思考，将任何对理性和普遍性的坚持贬斥为一种罪恶的行为。显然，尽管哲学家给出的新论证来自他们个人特定的思考，带有鲜明的个人色彩，但他们毕竟推进了人类对相关问题的理解，这远胜于拒绝思考、拒绝回答的做法。

4. 认识自己的无知

在不同思想家或思想学派所喜爱的哲学态度中，我们希望对其中某些态度加以着墨，因为它们对我们的探讨似乎特别有帮助。我们称之为"认识自己的无知"，也可以称为谦卑或自制。

如前文所说，哲学这个名词源自我们体认到自己的缺乏，因而希望填补自己的不足。然而整个思想史中,由于科学的成功,"确定性"和"教条主义"的现象逐渐形成,它们与系统化精神连结,建立了一系列得到验证的真理。自古以来,一位接一位的权威哲学家,深信不疑地主张若干在他们眼中认定的真理,在他们的观点中,这些真理的正确性是毫无疑问的。尤其是在过去的两个世纪以来,"哲学"被定义为"大学教授们的哲学"。我们再也不重视谁的思考是开放的,或是无止境地追求,只重视思想或价值论的功效。

可以确定的是,一种思想,即使它充满了疑虑,并不鲜明地主张什么观点,但是,它的背后总有着坚定的假设。尽管如此,在态度与思想的关系上,某些特定的模式会更容易引起一种不容置疑的确定感,特别是当它涉及系统化的阐释时,然而,另一些模式则支持理论的不确定性,并认为这才是理论的意义所在。

让我们以十五世纪文艺复兴时期神圣罗马帝国德国神学家库萨的尼古拉最著名的论著《论有学识的无知》作为例子说明,其要点是主张无知是一项必要的美德,它是后天学习而来的,可促使人们思考,因为各种名声在外的思想不过是种推测和粗略的估算,必须对它们进行细致的检查和分析。这点跟二十世纪出生于维也纳的科学哲学家卡尔·波普的"证伪

（falsification）"概念不谋而合。① "证伪"原则推演出"真不能被证明，只有伪可以被证明"的"真伪不对称性"，认为依据现实证据是科学的特色所在，每个命题都可以被质疑，与之相对，"反正我就是信了"这种态度偏向于一种宗教信仰。对十七世纪的德国哲学家莱布尼兹来说，波普的"证伪"其实是一种忧虑，忧虑会加剧不安，不安会阻碍平和冷静的态度，并将其视为思想的死亡，因此不如乐观地相信"我们的宇宙，是上帝所创造的最好的一个"，也只有这一个确切成就了的世界是"众多可能的世界之中最好的一个"，才能符合莱布尼茨的信仰要求。

5. 严格的态度

让我们探讨另一个常见的态度——严谨（rigor）或严格

---

① 波普反对理性主义里的观测-归纳法，他认为科学理论不适用于普世，只能用作间接评测。因为科学理论和人类所掌握的一切知识，都不过是推测和假想，人在解决问题的过程中会不可避免地掺入想象力和创造性，好让问题能在一定的历史、文化框架中得到解答。人们只能依靠仅有的数据来树立某一科学理论，然而，此外又不可能有足够多的实验数据，能证明一条科学理论绝对无误。（例如，人们在检测 100 万只绵羊后得出"绵羊是白色的"这一理论，然而检测之外，只要有一只黑色的绵羊存在，即可证明前面的理论错误。谁又能无穷尽地检测绵羊，以证明"绵羊是白色的"理论绝对无误呢？）——译者注

（harshness）。在康德主张的严谨逻辑中，每个名词都将得到确定无疑的定义，他不接受思想的偏离，或如镜中镜、纹中纹这种无止境的"嵌套结构"。这样的质疑和"问题化"的态度，并不是用来取得标准答案和定义的态度。尽管后者追求确定性，但通过严谨的要求，它也知道自己的正当性。因为要真正思考，就意味着不能把任何一种理解都当成不可置疑的真理，这是一种对理解的保护，也是建构理解的重要过程。

要做到这点，就牵涉到愿意"承诺"与知道如何"提问"。

要阐述一个体系，意味着必须建立一个架构，在思想的发展过程中，众多概念和前提假设彼此之间要相辅相成。如同莱布尼茨所说，如果在建构的过程中遇到许多困难，要提出的这个思想应该就很难保持一致性。思想内容的品质，有时还不如这个思想架构的品质重要，因为结构决定了思想的一致性。

这同理适用于一个理论的使用者，使用者们会用自己特定的标准来检视这个理论，看看这个理论有没有办法为他们的问题提供解释，能够解读的幅度够不够大，从而决定这个思想对他们是否有效。

如果一个论点，可能因为提出者的权威而成为一种"教条"，像是中世纪的"经院哲学"[①]，它延续了亚里士多德的思想，

---

① 该主义不关心自然界和现实事物，主要围绕天主教教义、信条及上帝。——译者注

也将它作为几个世纪以来毋庸置疑的权威,那么我们也不要忘记另一个相反的问题——不受羁束的思想,可能会罔顾证据,断定任何想相信的事情,主张任何想相信的主张,这也是灾难性的。

尼采指出哲学家必须像银行家那样行事,"要干净利落,没有假象"。他想要告诉我们,文字和思想应当保持精确,一个人应不可掉以轻心。然而,即使是尼采本人也曾批评哲学的苦行主义和苏格拉底的费劲方法,因为它们要求慎重地对待每个细微的词汇和表达。由此可见,哲学家所应该秉持的这种严格的态度,也不是不证自明的,而是需要进一步的讨论。

这个严格的态度,也要求我们在说话时仔细听我们自己所说出的每句话,这也就是帕斯卡所说的,要能听见"我们意见中的真理"。因此,严格的态度要求我们要和现实紧紧相扣,要求我们超越真诚,超越对外表的追求、对正确的渴望和对观点的拥护。如果这种严格的态度不陷入教条主义,便能够为人类的思想带来真正有意义的挑战,尽管没用对的话,在科学精神的借口下,它也可能被人用来阻碍并捣碎任何思考、直觉和创意。

6. 忠于自我的态度

这引领我们前往另一种哲学美德：忠于自我（authenticity）。我们必须区分"忠于自我"和"真诚（sincerity）"的不同。忠于自我这件事，和勇气、韧性及意志有关，反对在意见上的立场倾斜和顺从，也反对依靠某种轻柔而短暂的感觉。

忠于自我指的是在与他人、世界和模糊的存在有所抵触的时候，仍然坚持自己的观点，不怕与障碍和逆境起冲突。忠于自我，无疑是真实的一种主要表现形式，我们可以称为"独一无二的真实"或"主体的真实"。它是以独特的形式存在的一个整体，这种形式不仅仅是某些论述，而是存在的媒介和基础。

德国哲学家康德以"敢于求知"的启蒙精神来阐述人类的理性担当，而这背后没有说出来的话，就是"忠于自我"。"敢于求知！""敢于思考！"如果不能勇敢地去知道自己真正在想什么，就无法真正做到求知和学习。为了做到这一点，想法必须通过文字来表达，必须客观、具体，看得见也摸得着。

在笛卡尔的建议背后暗示的正是这个要求，我们在心智处于不确定状态时，不应该继续我们的旅程——不确定的时候，先接受"临时道德（provisional morality）"，像是国家的法律或是文化，回到确定状态后再继续思考，思考之后，无论接受还是推翻这些"临时道德"其实都可以，这就是"忠于自我"。

丹麦哲学家克尔凯郭尔进一步率直表达，主张所谓的客观真实性并不存在，存在的只有主观的真理。我们通过论述，观察他人理解了什么，不理解什么，根据这个人是不是"忠于自我"，来决定我们可不可以说这个人"真"。

先不用考虑这是哪种真实以及是否具有先验的普遍性，我们只需要问这个人是不是把他的理解说尽了，这个"穷尽"与否在这里是有意义的。

即使存在着各种矛盾和无意识，但是如果一个人能不顾这些阻力，用自己相信的说法为自己杀出一条血路，那么他就能很好地锻炼自己。在面对自身的真实想法时，他的妥协让步，他内心的小小盘算，对他来说，都意味着追求真实性的失败，也就是一种谎言。

如十七世纪荷兰哲学家斯宾诺莎所认为的，无论在世界和自己的眼中多么荒谬，一个人都会为了保有自己的存在而奔向自己的宿命。这种"真实的直觉"让我们即使冒着犯错和自我矛盾的风险，也会勇于主张自己的意见。这种直率，这种坦诚，这种言论自由，这种说真话的行为常常会对维系社会的纽带造成威胁。[1]法国哲学家福柯将其称为"真理的勇气"。[2]

7. 开放获取的态度

凡事讲求真实,可能会妨碍正常的生活,因为这往往让他人难以承受,让我们看看和先前第二个哲学态度"针锋相对"相反的态度,我们称为"开放获取(availability)"的态度、"开放性"或"愿意接受"的态度。

把自己毫无保留地摆出来,活在这个世界的当下,与外界、他人产生连结。如果说"忠于自我"就是对与我们相异的人、事、物充耳不闻,那么"开放获取"的态度则是把外在的一切都放在自己心上。

"开放获取"的态度有两种不同的表现形态,一种是像注视猎物的老虎,另一种则是像风中的叶子。这两种形态区别,是因为存在的本质不同,造成了结果的不同。

---

[1] 这就是古希腊哲学里"parrhesia"的概念,这个词没有对应的中文表达,但大致上是说无论冒多大的危险也直率、坦白地说真话的态度。——译者注
[2] 虽然福柯知道所谓"真理"其实只是在某一历史环境中被当作真理的事物,是运用权力的结果,而人只不过是使用权力的工具。——译者注

风中的叶子是"被动的",而注视着猎物的老虎是"自主的"——它并不是在最后一秒才临时决定要扑向猎物的,而是内在虎性的自然发挥。

叶子受到风的带动,这时它的存在性减到最低,它被现实所驱动,只是随波逐流。我们可以说老虎和叶子不一样,老虎根据它自身的意图行事,老虎"开放获取"的态度,来自它已经存在的意图,所以和叶子比起来,老虎"开放获取"的程度比较低。

然而我们可以用不同的方式来思考"开放获取"这种态度。比如说自我和外界之间的关系——世界的存在性、他人的存在性、所有事物的存在性,全都可以变成工具,都可以工具化,正如德国哲学家海德格尔所批判的那样。最重要的,是自己能否有"开放获取"的态度:一个人让自己向世界敞开,"自己"的存在统统消失,只剩下一个敞开的状态,"自己"就变成一个开口,让其他所有的人与物从这个开口中来来去去。这正是中国道家的设想,但是对于西方文化价值观来说,却是一种消极无力的态度。

另一种解读,就是自己是否能够对自己"保持开放",即关心自己的能力,如同苏格拉底、蒙田、福柯甚至是佛教的思想。

我们可以向那些认为"开放获取"的态度太宿命论或太消极的人提出这样一个问题:我们阅读一段文字、听演讲或看表演时,难道不正需要这种"开放获取"的能力吗?有多少次我们嘴上说我们不了解这种观点或那种言论，但其实真正的问题并不在于有没有能力了解，而是我们拒绝接受这些观点和言论。我们往往拒绝改变原有的立场并换位思考，哪怕只是片刻。

如柏拉图所说，如果真的要思考，或要和人对话，在某种程度上，难道不正是和自己的"疏离"吗？如果我不愿意暂时脱离自己的立场，那要如何思考？如果我不打算看到和自己不同的观点，如果我紧抓自己不放，像溺水的人紧紧抓住救生圈，怎么慎重思考？不就只是假装自己在思考吗？

如果我自己和我的想法，总是明显的有道理，那"通过思考来改变"这个哲学的核心动力，不就永远不会发生了吗？

要做到"开放获取"就免不了要自我分裂——聆听世界，就是陪伴他人同行，走一段他们走过的路，正如苏格拉底和他人对话的方式。[①]

思考不是一条铺着红毯的康庄大道，一个人选择的思考路径必然是泥泞的，且布满车轮碾过的痕迹。我们必须知道自己的方向不见得好，这样才会愿意跟随别人指出的方向，必须愿意冒险，才能学到新事物，才能接近新的地平线。

只有保持这种"愿意接受"的态度，我们才会发现"坑

[①] 就是以对方的语言、对方的方式，像一面镜子那样，放在他们面前，让他们可以看见前方原本没看见的坑洞，避免他们掉进原本会掉进去的坑洞，或被障碍物绊倒。——译者注

思",这是另一种存在方式,有别于行动。

忙于行动的人,是没有时间仔细思考的,他的心忙着生存,忙着把工作做完。忙于行动的人,过于沉浸在这个世界的事件中,甚至可能忙到没时间思考。

对亚里士多德或柏拉图来说,能够有时间或愿意花时间仔细思量真、善、美,才能够获得智慧,这也正是有智慧的人卓越的地方。

各种人文艺术,无论是音乐、修辞学,还是数学,这些都是自由的人才能从事的活动,因为他们有时间可以仔细思量,不必为五斗米折腰。他们往往坐在庙宇或神殿里沉思,就语源学来说,庙宇或神殿就是天界与人世之间的交界——人文学者和艺术家聚精会神地注视着世界,以近乎神秘的方式,沉浸在所观察的事物之中,除了希望得到理解外,他们对这个世界一无所求。

现象学中也采用了古希腊语"悬置（epoche）"的概念,其实某种形式上,也就是在强调这个"开放获取"的态度。这个词描述的是,在进行思考或沉思的时候,我们把所有判断、知识、信念、背景或其他标准,全都暂停。无论内心或外在,如纹中纹、镜中镜般一层层深入的"嵌套结构",也都暂停。对于世界的存在和世界的本质,我们都要保持距离。

我们的意识在这个状态中,可以接受批判、质疑,对任何有怀疑的地方，都进行详细的检查。

这不是要把我们的意识置于"永远不做判断"的监狱，而是要重塑思考的基础和形式。

我们并不是因为判断是错误的而抛弃判断，只是为了检查判断的合理性而暂时停止判断。这个态度，和"绝对怀疑主义（Pyrrhonism）"大相径庭，绝对怀疑主义禁止我们相信感性和理性，告诫我们要冷漠，不能有意见，让我们在思想上患失语症。虽然这个方法有助于达到古希腊哲学里一种所谓"强大、清醒的宁静状态（ataraxia）"，消除烦恼和痛苦，但是我们这里说的"悬置"比较接近笛卡尔称为"普遍怀疑（methodical doubt）"的认识论原则，指的是所有方法、知识、理性推论都可以被怀疑。也可以通过胡塞尔的"现象学还原"来理解"悬置"。现象学的这种原则，旨在避免我们关于世界的各种信念（朴素的或建构的）的缺陷，在现象原初且纯粹地呈现在意识中时检验它们。

8. 谨慎的态度

我们要探讨的最后一个有用的哲学态度是谨慎。

谨慎让我们察觉危险，让我们可能因为恐惧而停止做傻事，为危险做好预防措施。谨慎者不喜欢不必要的冒险,但是一个人可能因为谨慎而变得古板,认为任何风险都是多余的。

"好学生"的心态即是如此,无论大人还是孩子,心态上都有可能是"好学生",他们会因为坚持完美,接受不了任何不完美的东西,这些东西是不完整的、受人指责的,不符合他们的期待。我们总是试图预测行动的后果,希望避开不幸。为了让我们的生活单纯些,为了更安全,我们会自我设限。

当别人听我们说话时,因为字字句句都带有某种风险,所以不如保持沉默。这就是令人心寒的、中产阶级的道德谨慎。圣保罗称之为"一文不值的冷漠"并加以严厉谴责。[1]但是,除此之外,对于"谨慎"一词,我们还有什么更好的解释吗?

谨慎是基本的美德之一。它要求我们三思而后行,凭良心做出决定,做正确的事,而不是冲动或轻率地行事。

康德对这个古典的智慧也深感兴趣——对他来说,谨慎是思考的一种技巧,可以帮我们选择恰当的工具,获得最大的幸福。谨慎要求我们通过心智做出清晰的判断,它塑造出好公民,有时它的政治意义,甚至大于道德上的意义。

---

[1] 早期教会最具有影响力的传教士之一、基督徒的第一代领导者——使徒圣保罗,信奉以伦理学为重心的斯多葛派学说,他猛烈谴责对伦理价值不重视的人,谨慎这个名词被赋予至高无上的意义。——译者注

但如果把哲学当成一门实践的艺术，如同我们所了解的，那么哲学艺术必须将自己限定在谨慎之中，耐心等待，抓住适当的时机，使用最好的手段和工具，以获得另一种形式的真理，即效率。师法自然，我们应该按"多一事不如少一事"的精简原则行事。

事实上，柏拉图认为政治家和哲学家的不同点在于"kairos"，即抓住完美时机，这是效率的一种重要形式。政治家不同于哲学家，后者犹如轻慢的贵族，无视稍纵即逝的时机。

但如果"完美时机"能让一个国王成为哲学家，那么它也能让一个哲学家成为国王，踏入政治，即在时间与空间之中把握自己存在的限度。

正如法国哲学家、不可知论者扬凯列维奇所说，"真理并不是在任何时间向任何人都可以说的"，但知道应该说什么、可以说什么、如何说、向谁说、何时说，难道不正是真理的一部分？

实用主义者如此告诉我们：真理是一个整体，既不奇异，也不是超自然的。在这一点上，实用主义者无疑认为，哲学要放在实践层面来看，哲学并不是一门学术，而是一套实践方法，要知道如何自处、如何行动，因此谨慎是一项基本的美德。

以上所说的八种哲学态度，是技术性的，而不是知识性的。"态度"和"技术"，它们的起源相同，意义也几乎相同。唯一不同的是，态度讲的是存在，即知道"如何自处"，而技术指的是行动，即知道"如何做"。

至于是行动决定存在，还是存在决定行动，目前尚无确切的答案。但是这两种观点都可以被视为不同的态度或者不同的信念所引导的行为，将决定我们应该教授什么样的哲学内容、用什么样的方法教授哲学、教授哲学的必要性、哲学和其他人事物的关系、和自我的关系以及和世界的关系。

要探讨哲学问题，我们绝不能拒绝承认哲学思考有主体：这个主体可以是我们，也可以是别人。观察到哲学思考的主体是存在的，我们就不会认为应该要"代表哲学发声"，或是将哲学简化成某些个人的观点或语句。但是，这又等于倡导一种特定的态度，这种态度不可避免地会遭受批评，因为有人希望逃避它。

9. 哲学态度的组合应用

让我们在这里补充一段过去为教育工作所撰写的、一些关于哲学态度的组合应用方面的教学方法摘要。

这些摘要其目的在于探讨教学上攸关哲学实践的有用态度。

这些态度属于"认知"领域与"存在"领域，必须和"道德"领域的态度做出区分，虽然这些哲学的态度也能通向道德的态度，但我们这里的重点在于将人调整到适合的态度，以利于练习反思活动。

*放松

让身心平静，让心灵的骚动安静下来，从轻率鲁莽和急于发言的状态中脱离出来。做法上，无论是上课、布置作业或开展讨论，老师必须注意并及时调整自己的步调，如此学生才能知道他们自己的能力，并慎重地行动。

*认识自己的无知

在课堂上传授"正确知识"的模式，应当转变为练习"假设"，穿插一点不确定性，即锻炼思考的过程。关键在于暂时放弃我们的成见，暂停判断，让我们能够火力全开，去做彻底的检查。

在做法上，老师不能再将自己局限在"正确答案"中，个能认为问题都应该有一个唯一、绝对且无可置疑的标准答案，必须引导学生练习反思、共同反思，进行"问题化"，找出逻辑上可能存在的缺陷。

*忠于自我

敢思考，敢说出想法，敢假设而不用担心、焦虑，无须寻求老师或同学的认可，也不要因为有所怀疑而迟疑。

忠于自我要求我们以严格且连贯的态度，对我们所说的话、所想的事、所做的事负责。为了鼓励思考，老师应鼓励害羞的学生，无论是通过口头还是书面的方式，邀请每个学生完整表述他们的想法，无论后果是什么，确保他们被理解，且应避免集体式的反对或嘲笑，以免学生受到霸凌。

*同理心/共情

通过练习让学生有能力设身处地、从别人的角度来思考，以了解对方（即"同理心"），对别人的心情感同身受（即"共情"），不再以自我为中心；让学生乐意接近其他同学或老师，在不带偏见或敌意的状态下，乐意且兴致勃勃地聆听不同的意见。这是一种理性认知的方式，而不只是注重单方面的情绪、感受。这并不是暗示我们需要去"接受"他人或他人的感觉，也不是排斥他们，而是"了解"他们的心情和想法。

在做法上，老师必须邀请全班学生去了解学生之间有问题的关系，思考产生摩擦的症结并将其解决。

*面对冲突

培养学生将自己和他人的想法一齐摆在台面上进行当面对质的能力。可以批判,也可以辩论,但不是借由放弃自己的观点、吹捧别人的观点,去寻求别人的认同,或不计一切代价达成共识。

这种论争并不是为了要尊重自己的想法或见解,而是尊重"反思活动"这个思考环节。这意味着要用一定的活力取代温和的宽容。

在做法上,老师应告诉学生不要害怕,让学生接受批判的概念,让学生把这个活动视为游戏或练习,而不是威胁。

*惊奇

在面对突发事故、差异或反对时,接受和承认各种惊奇,这包括对自己的惊奇和对他人的惊奇,以察觉问题并抓住问题的关键。若没有这样的惊奇,每件事都将变成例行公事,思考将变得迟钝,每个人都将以自我为中心,转向陈腐的观念,一切要不是主观的意见,就是客观的事实。

在做法上,老师必须促进观点的多样性,拉近想法与想法之间的关系,让学生的讨论产生动态张力,诱发各种新的假设。

＊信赖

对他人和自己保持信心，不需要抱着防卫的态度去捍卫自己的形象，捍卫某个想法，或捍卫某个人。

若没有信赖，我们就会因为怀疑他人别有企图，害怕自己犯错被指出，或害怕遭到羞辱而选择不去相信别人，不回应他人的提问，甚至因此拒绝承认明显的错误或偏差。

对自己和他人来说，信赖都是确保自主性的重要因素。在做法上，老师必须营造信赖的气氛，无论提出想法的人是谁，错误不会被放大，学生因此可以一齐放心嘲笑荒谬的事，也可以共同称赞美好的想法。

第三章

哲学的能力之一——深化

在探讨了哲学含义的前三个形态——"哲学的文化""哲学的领域""哲学的态度"后,紧接着是第四种哲学含义——"哲学的能力",即哲学的操作性。

要从这个角度来探讨哲学,我们必须使用衍生自教育学的一个名词——"技术"。技术意味着一种实践方法,阐述某一种实际操作的要求与基准。也就是说,哲学在这里被认为是门艺术,是种技术,一种应用于概念或想法的处理方式,由一个或多个程序组成。

在这里,我们更关注处理方式,而非特定的想法。因此,它是带有哲学意味的形式主义,讲究的不是内容,不是已建立的概念,而是讲究行动的路线。

这个旅程的第一个层面是深入思考,深化想法。当然,我们将从大原则开始说。每个人的心中总是存在想法,总是有最低程度的知识,我们称之为"意见"。正如柏拉图对于意见的分类,意见可能属于"正确"的意见(也称为"真实"的意见),

也可能属于"平常"的意见。从已经完成的研究来看，第一种意见，即"正确"的意见，和第二种意见，即"平常"的意见，是有区别的。

"正确"的意见，因为要做的工作比较多，因此显得较"平常"的意见更为可靠，虽然它根本上并未改变思考过程中需要完成的任何事情。真理对思想家来说，是一种追求，也是一种压力，是一种使命，还是一种力量。真理超越任何特定的想法，从这点来说，真理不能够被当成"一种想法"，或是"一种说法"，甚至不可以被说成是一种"思想体系"，真理不可以被认为只是种思考的"方式"或"态度"。尽管"思考的方式"和"思考的态度"，这两个概念在性质上，已经很接近"真理"的概念了。因此无论从哪个角度看，真理必然是动态的而非静态的，重点仍然是一个人对自己的要求。

只要我们想要进一步了解某种事物，深入思考就是一项永无止境的任务。这种追求始于认识到自己的无知、理解自己所不知道的东西、意识到我们其实并不了解自己所说的话。从这点出发，我们听到的每个字，无论是从我们自己还是从他人的嘴里说出来的，或是我们向自己提出的每个主张，都需要深化，也就是需要去深入挖掘、放大细节、画出重点、逐一澄清，等等。

让我们以更准确和更具体的方式来检视深化的意义，探讨深化的不同操作方式。深化并不是无止境的，因此需要划出界线。"深化"这一概念较为模糊，内涵看似无边无际，这往往让我们眼花缭乱，让我们相信能够好好运用深化的人，肯定是神秘兮兮的天才，似乎只有天才才有潜力可以到达这样的操作境界，只有他们才能获得这种近乎神圣的力量，独自进入高高在上的圣域。

但从另一方面来说，深化需要划出界线，建立技术性的基础和固有的程序，这些程序必须可重复，必须可靠且便于使用。

如果没有任何规范或限制，那么，当一切皆有可能时，一切都将变得不可能，这像是一种奇怪的镜像效应。当心灵创造出一个没有地标的空间时，也就为自己创造了深渊般的囚牢。在这个空间里，不存在任何限制，这当然会让心灵感觉自由，但也会扰乱心智，甚至让心灵陷入瘫痪，无法动弹。

1. 说明

从某个方面来说，深化即要求进一步说明。

要进一步说明，就需要将原本折叠起来的东西摊开，让原本隐藏的东西显现出来。因为折叠起来的现实或事物，让人听不到、看不见，甚至表达它的人也未必理解。

人与人的相遇，是个大好机会，让原本看不见的东西变得能够看见，或是让原本可以看见的东西变得更清楚。同时，因为有些人的行为对我们而言就像面镜子，如果他充分认可并扮演好他的角色，便会指出并强调（我们言语的）模糊之处，让我们注意到这些，由此我们便不再习以为常，而是走出个人的舒适圈，克服这些令我们盲目的东西。因为他人并不害怕我们的惰性和保守，也不害怕被讨厌或被说成书呆子，他们将直接指出："我不理解你在说什么。"

话说出来之后，我们有两条路可走，一条路是固执地重申我们言论的准确和清晰，另一条路是在不同程度上应对他人的困惑和质疑，通过提出一些新的主张，由此阐明原先处于阴影中的东西。

换句话说，要去处理思想的盲点或明显的矛盾。

拒绝说明可能基于两种原因：一是其实完全了解对方想要的，却因为从小受教育的方式，或是个人的信念而拒绝说明；另一种是心理状态不佳，或是智慧不够，使得没有能力更进一步去解释清楚，或因为无意识的防御机制而退缩。

进行说明，就是要转换语言、转换视角，让原本简单的东西得以进一步发展，将原本散落的东西聚集在一起，放在一个情境内，提供例子，并且进行分析。

进行说明，就是转换视角、语言和情境。

我们可以这么说，所谓的说明就是研究光线的反射，让光线反射在不发光的东西上。说明就是一个调整、扩展、延伸、细化然后继续扩展的过程，这就是为什么，我们认为说明是深化的关键部分。

进行说明，就是去推进论证、去正视假说的后果、去打比方，好让我们看清楚我们的观点如何在不同的情境下也能成立。

进行说明，即厘清的过程——可以把事情变复杂，也可以把事情简化。为了更清楚地看见和了解，说明时需要用到各种不同甚至彼此矛盾的方式，甚至冒着离题的风险来建构一个想法。

因此，所谓的深化，就是跨越原始意图的限制，无论这些限制是不是有意的、暂时的。每件事情都受到时机的限制。如笛卡尔所说的，我们应知道如何如实地舍弃和接受一个想法，知道此时此刻这想法是什么，以及这个想法在此时此刻提供了什么，而不需要担心这个想法各式各样的可能性以及跟现实的连结。当然我们也可以反过来，无止境地拓展一个初始观点的各种可能性。

对说明的批判

在这里，我们要指出一点：我们不可将"隐晦"视为一种缺陷或匮乏。"隐晦"暗示也有其存在的原因。从概念化或沟通的角度来看，如果有人认为"隐晦"因为不够清晰而被批判是合理的话，我们也必须看看为什么说明有时候并不正当，也不该存在。

首先让我们探讨"绝对清晰"这个意识形态，它其实是有局限的，而且常被滥用。科学家总有个愿望，无论是单一事件还是宇宙整体，每个现象最好都可以让每个人看见。这对我们一般人来说，既没有什么好处，也不可能做到——虽然让事物变得清晰的尝试值得嘉许，但是任何一种理解或存在，必然且无可避免地都会有部分隐藏在阴影里。

在知识的领域中，"悖论"总是存在——如果知识是种力量，而对这种力量的欲望不再合理，那么，这种力量可能会让人妄自尊大，违背最初求知的精神，消除原初的动力，在一种全知全能的诱惑下，这将不可避免地导致知识力量的滥用。

我们由此得到一个结论：我们当然应该清楚说明，而且应尽最大努力试着清楚说明，但是我们也要记得说明虚假的一面。也就是说，说明有时看起来更像在不断重复或事后诸葛，试图合理化或自圆其说，而不是真正的"澄清"。

如果真正想看清言语的真实性，我们会试着在逻辑上找出问题（"问题化"原则），凸显批判视角的重要性，及环环相扣的"嵌套结构"的重要性。

现在让我们探讨教学上针对说明的反对意见，尤其是老师对学生所做的说明，当然也牵涉到演讲者对听众所做的说明。西方的传统，通常喜爱圆满而非欠缺。"缺乏"和"无知"具有相当负面的含义，而"拥有"和"圆满"让我们安心——它们带给我们满足的感觉，而"缺乏"则造成不足和痛苦。

因此，老师觉得他被强迫"说每件事"，不仅因为他觉得有义务"做每件事"，而且因为他被认为应该"知道每件事"。不像东方传统的观点，将欠缺看成一种现实，事实上欠缺是现实的来源（所谓"有生于无"），是现实的基础或母体。在东方传统的观点里，老师可以只对学生说一句简单的句子，学生就会去思考这个句子，分析这个句子，因为有责任了解该句子真义的不是老师，而是学生。

这种师生责任关系的逆转将禁止老师像母鸟对待雏鸟那般嘴对嘴喂食，但我们的教育传统往往是如此做的：一个作者在阐述概念时，会认为他有义务提供各种"通知"，说明他自己并给出解释。

为了进一步探讨，让我们思考另一种可能性："对想法进行沉思"。在此我们把它视为对一个命题或一系列命题的清晰阐释，让我们暂时区分说明和说明的对象，即原初的想法。

值得强调的是，原初想法的提出和进行说明，这两个时间点之间存在着缝隙，因为两个不同的原因。首先，一个想法本身，就有它自己的形式，有它自己的生命，具有形态学、句法及语义学上的特异性。如果我们接受这个想法的特异性存在于诗歌之中，我们也应该接受它存在于哲学里。

无疑地，这就是为什么知道或记得一个想法的原始版本、文字、原始语言或构想是有趣的。这种哲学的"审美"，虽然可能变得泛滥，但却在个人语言的独特性中找到了意义。

与之相反的是，基于相同的原因，一段文字的听者或阅读者，也都会以自己的方式重组和表达他所听到或读到的命题，确保他已经恰当地接受了讨论中的观点。

话虽如此，这个"对想法进行沉思"的时刻，如同欣赏一幅画或一首音乐，我们必须先观察，然后沉浸其中，之后才去分析、判断或做出回应；"对想法进行沉思"的时刻，是对于想法单纯地接受及获取的时刻，确保一个人尽可能地去吸收这个被表达出来的想法。

沉思

对这个缝隙的存在，我们还找到第二个原因，那就是任何解读和任何说明，同任何翻译一样，都是一种背离。

因为想法经过说明后必然会发生转变——有时会被调换，有时得到支持，有时则经受延迟。这是我们必须接受的背离，无论是他人或自己的文字，我们都必须抱着一种凭吊的心态，才能回溯到这个想法的原初状态。

每一个在我们面前活灵活现的文字，都是发生过背离的文字——想法要落在纸面上变成文字，必然是一种简化和受限的行为。想法和文字之间有差异，造成想法和文字表达之间的疏远，甚至文字改变了想法的性质，这些都是自然而且必然的。

尽管如此，我们必须知道这种转换所扮演的角色，尤其当我们从具体移向抽象或从概念移向实例时更是如此。

不可否认，因为文字是想法的解读而拒绝这种解读，未免流于过度的形式主义，不知变通。如果能够迟疑一会儿，对着眼前的文字沉思一段时间，这样就能开始理解作者的原意，不让自己拘泥于特定的上下文中，这可以说是理智的一种良好的习惯，也是向独特的文字表示敬意的方法。

这种沉思，会邀请我们去质疑字面的意义，不将自己限制在单一的解读中，仿佛作者本人在邀请我们去了解他的话语，去解释他的文本。

让我们举一个例子。以沉思作为一种鉴别方式，而不仅仅是说明。在讨论中，一个人往往对一个问题或命题做出唐突或宽泛的说明，但听众（有时也包括那个进行说明的人）很快就会清楚地知道这种说明已脱离原始的意图。因为被自己的想法或情绪冲昏头脑，演讲者忘记了他思想的起点，他不知道如何将他的心固定在一个主题上，他不知道怎么在心中立一根竿子，如同注视一颗不动的星星般，面对一个待处理的特定问题。

将一个想法牢牢放在心中，与之后出现的其他想法区别开来，这是一种约束，与记忆和专注有关。这有点像是合唱团或是爵士音乐的即兴，一方面，能够思考自己，另一方面，又能够听到外面正在发生的事。目的是为了同时思考原初和后续、内部和外部、给定的和发展的、中心的和外围的、想法和对想法的说明。对我们来说，心智必须学习同时使用这种双重视角，将之视为产生真正的思想的条件——将变化纳入思考，将现实作为一种外在的原则，如此才能让我们避免受到自己的影响，这是我们永不该忘记的内在保障。

2. 论证

论证是思想深化的另一个重要形式。如果要论证，论证者必须已经表明了一个立场，因为论证是为了辩护、证明和确认一个概念或论题，即使这个立场是暂时的、刻意选定的。它形同一种接受或认可——它必须解释一个特定想法的存在或真实性。论证是去证明一个学说有道理，赋予学说合理性，否则这个学说将被认为是不正当的，甚至是不公正的。

现在我们的问题在于论证是否必然会使我们的想法得以深化。以特定角度来说，我们的回答是肯定的，因为为了在听众面前巩固一个论题，会产生其他若干不管是真实的还是想象出来的论点，通过演示或说服的效果，支持初始的想法。

但是，论证的性质可能差异很大。论证为了证明初始陈述的合理性，会产生一个或多个命题、事实或概念，但这些陈述都是正确的吗？还是只是在玩文字游戏？它是以哲学的方式，更深入地去了解初始陈述的起源、依据及正当性吗？

论证可能会富有感染力，唤起听众的感情；论证可能会抬出权威、伪造权威或是滥用权威，它可能会使用套话、扭曲原意，或使用其他修辞学诡计，通过引述惯例、诉诸常见的事实，对想法进行辩护而非深究，目的只是为了获得对话者的同意，减少对方的抵触情绪，而不是让对方深思。这众多的程序，让论述变得平铺直叙，而不是将论述深化，这些程序让听众的心昏昏欲睡，而不是让听众展开思考。

论证的听众越多，越会让它的意图普遍化，由此远离可预测到的听众，避免自己落入追求认同的陷阱。

如果论证的目的是人类理性的普遍化，是值得牢记在心中、具有管控作用的理想状态，我们就会更注意自己所表达的内容，也会更为批判地对待自己所说的话。

虽说如此，正如商业广告、政治宣传和宗教传道所显示的那样，一个人可以对任何人发表演说，通过泛滥的论证，通过将他人工具化，将对方转变为一个附属者、支持者，使其沦为某种欲望和意志的对象。所以我们不能忘记，如前面所说的，论证源自某个主观的立场，该立场尝试证明自己的合理性，或批判一个相反的立场。

论证不同于分析的方法，分析主张客观地检查论述的内容和后果，而辩论处于某种定向的趋势中，已经确定了论证的方向。进一步说，论证被认为在偶然的或必然的领域中运作，这正是逻辑或分析不运作的地方——亚里士多德表示论证不是去分析必然性和逻辑，而是要与相反的观点进行论辩，后者即使对于论辩者而言也是不可靠的。就这点来说，论证是最坏的方案。然而，它却是不可避免的最后手段，因为现实并不是以逻辑系统的形式呈现在我们面前，因为我们对这个世界的认识构成一个充满差异且往往充满矛盾的整体。

因此，以哲学的观点来说，论证让我们得以深入，因为它提供了想法的原因，思考想法的后果，建立平行与类比，列举例子，分析内容，建立联系，等等。但它的力量是有限的，因为它不质疑，它不疏远自己，或它不跟自己建立批判的关系。话虽如此，如果论证仍然是广大思想流程的一部分，则在思想的阐述上，它将发挥有限但却是构成性和本质性的作用。思想会产生思想，但不是在已成定局的思想中，而是在仍然能沉思自己的缺陷与不足的思想中，这才是名副其实的论证。若非如此，它在它自己面前仍然是疲弱的证明。它将自己局限在某种同义反复（tautology）之中。全部的困难在于心的自相矛盾，因为心既可以为自己限定方向，强化自我，相信自己战无不胜；心也可以同时检查这些限制，让它们得以向外伸展，因而可能解开这些限制。向下深究虽然可建立基础，但也有陷入泥淖的风险。如果论证巩固了意义，我们也可以说它制约了意义：因为它决定意义，却也冻结了意义，且它妄想以这种方式证明论述的真实性。

证明

论证亦是证明，证明命题的必然性，建立证据来支持它的可能性；提出荒谬的推理，迫使我们否定相反命题成立的可能性；揭示出必然的预设或后果，使我们更敏锐、便捷地做出判断，让我们的信念更加正当化。如果论证并未证明一句话的真实性，它至少能够巩固它的内容。假设演绎的过程邀请我们思考"如果这样，则那样"，这就构成了我们思想架构的一个很好的部分，奠定了我们想法的基础。可以确定的是，论证并不一定是证明，因为它缺乏必然性，仅是尝试揭示出想法背后的一致性，为我们想法的产生提供更多正当的理由，通过揭示想法的起源，强调它的真实性。重点在于，既不要去相信我们正在推进的一切，也不要忽视我们自身及其产物的脆弱性。

此外，论证往往采用条件的形式，例如下面的例子："下雨时，我带伞"。带伞因为下雨而正当化，但下雨仅是偶发事件，因此并不能时时让带伞的行为正当化。于是，重点在于，知道是否会下雨，预测是否会下雨。此外，"牵涉相关情况（Involvement）"是论证的一个重要形式："我做这件事或那件事，因为不这样的话就会……"。一个人在论证时，会用坏的结果或没有好结果来证明。于是，关键在于辨别这里是否存在必然的关系，或仅仅只是可能存在关联。关联性很强吗？或者很弱？一个常见的错误是高估因果关系、行为与后果的同构性，低估论证的脆弱性，使论证容易被信念或希望说服的欲望带着走。在这里，我们可以回顾休谟如何批判因果关系的概念，休谟将这个基础性原则还原为主观的见解。也就是说，因果关系可能并不客观存在，而是基于主观的信念。论证当然会支持某件事，但它必然会凸显一个假说的脆弱性，这无疑将揭示出修辞性的论证与哲学论证的基本差异：前者旨在赢得支持和赞同，后者在构建思想的同时显示它的局限。

3. 分析

分析是将一个物质性或观念性的事物分解成不同的部分，以检查和确定它们的价值与关系。

无论在化学还是哲学中，分析最直接的意思就是分解，从复杂到简单，将整体分解成部分。在做法上，我们必须将它们作为各个部分来思考，而这将引出名称、概念和词源学上的问题。另一方面，我们可以思考不同的部分组合在一起和组合的规则，而这会很自然地把我们引导到语言和逻辑的问题上。

分析主要是检查我们已有的内容，解读它各部分的意义，而不要求加入其他任何东西。正因为如此，康德反对将"分析"判断视为"综合"判断，因为后者从原始假说的外部带入新概念。从这点来说，分析进一步趋近说明，但分析的限制无疑更严格，因为它并不寻求任何外部的东西。这样的限制可能让人痛苦，它带有苦行和禁欲色彩，要心无旁骛地检查语词，限制"前进"的欲望，忽视自身的直觉（无论这直觉多么出色），这些都不是容易的事。尤其是要检查及详细说明我们自己的文字，以把握它们的局限，理解被它们不小心否定的东西有多重要，但又不借助"我的意思是……"或"我希望补充"等欺骗性文字，这些时候可能是令人痛苦的，因为我们自身文字的粗糙和有限的真理打击了我们。

分析直接违背了与言论密不可分的万能感，后者总是保持着对真理的自负，总是宣称它在道德上是对的，无论这种道德的性质是什么。基于这个原因，分析往往以还原的手法出现，要求我们掌握一段论述的确切含义，检查它的内容，即使它只是非常短的一段话、一个简单的句子。尽管它们的含义是有限的，但却往往透露出我们模糊的意图。

为了真正把握言论的意义，苏格拉底要求我们不要拥护高明的言论，这让那些自认为见解高明的人感到十分生气，因为他们不承认苏格拉底对他们的轻视。在与苏格拉底的对话中，有时候必须仔细检查一个句子、一个命题，甚至是一个字，由此，非常具体的意义才得以浮现。"您使我说了我没想说的话！"他们生气地大叫，"您一定对我这样做感到生气！"这是之后必然会出现的结论。

在极端的情况下，有可能找到一个词语，便于将一个论述还原成一个概念，然后我们需要对其进行定义，并且确认它的有效性。就这点来说，概念化是分析过程中一种限制性的方式。

分析是种静态的方法，如我们所说，因为它不允许"前进"，而是迫使我们停留在原地，以便继续深究特定论述的意义。更糟的是，它可能是个倒退的方法，因为它尝试从现象回溯到原因，从结果追溯到原理。这个流程会被执行，要么是为了试图证明一个命题的优点，从这点来说，分析就像是证明；要么为了发掘命题的预设，以更好地了解它；要么是去质疑它，因为我们已经知道这个命题的条件，因此也知道哪些东西可能改变它的性质。

当然，在这里，分析有时也和论证发生交叉。但分析，尤其是逻辑，满足于研究被肯定的东西和已被肯定的东西内所包含的东西，满足于它的组成和内在本质，而不想要召唤出其他命题。唯一的例外是逻辑的规则或组成的规则，因为分析有可能确认组成的正当性。在这里，知道这些规则和违背它们的行为是分析工作的条件，规则为分析提供了工具。这些正式的规则使得它得以侦测一个命题牵引出另一个命题的可能性，或跟另一个命题相容的可能性，或含有另一个命题的可能性。这些关系是必然性的关系，不容忍例外，而不是可能的或偶然的关系，后者适用于较广泛且较不严苛的论证原则。

如果分析的优点是精确和客观，那么它的缺点则是客观的幻觉，因为一个人可能轻易忘记：任何一个逻辑命题的价值就在于它的前提的价值；另一个缺点则是它的僵化，因为分析的每个逻辑系统都是封闭的，它不允许外来元素的作用。逻辑分析旨在评估对象的一致性。它要求批判，以确定论证的顺序是否具有普遍性。比如因果关系的原则经常受到检验，这正是这种深化模式的目的所在。但它倾向于定义，即包含和收紧，而不是打开主题。对一个给定的主题进行深入的研究，而不是以包容和开放的方式，这是非常有趣且有用的。方法不同，相应的要求自然不同。对心来说，它是痛苦的，但非常有意义。

对于分析，让我们回顾在探讨态度时曾讨论的一条原则：批判，这是康德提出的一个术语，用来阐述怀疑主义和教条主义之间的一个中间立场。康德革命性地认为基于知识不可能触及实在本身（物自体），我们只能获知现象或实在的表象，尽管这些现象也具有部分的实在性。批判的方法包括分析思想和行动的基础，衡量其范围，评估其限度，最重要的是反思和自我批判。但如我们所说的，虽然有这些防护措施，但诱惑依然很强大，它可能戴着"科学"的面具，宣称它是最高的知识，要求建立新的确定性。

冒险进行这样系统化的实践是有益的，正如哥德尔对我们的邀请，同样重要的是，记住任何系统只能从它自己的外部知道自己的真理，让自己破茧而出，才能知道自己的限制。那些宣称包含自己的总体性的事物必然苦于自己的存在过度增大，并将制造出自己的假象。

就这点来说值得一提的是，黑格尔提出了一种重要的概念区分，即内部批判和外部批判，前者偏向客观分析，后者则是外在的，拥有不同的观点和视角。如果从内部批判思考是可能且适当的，这可以让思想面对它自己，那么外部批判则要求我们通过外部假设来分析该思想。两种批判具有同等的正当性。

事实上，为什么要不假思索地接受那些强加于我们的预设呢？这个辩证立场鼓励我们同时站在内部和外部，使我们进一步保持疏离和批判分析。对于这样的辩证立场，忠于自己的尼采急着抨击它的虚无性，因为思想对其自身的多重思考，这个费力的否定工作是极端复杂的，它鼓励提升我们微小的理性，将其幻想为全能的理智，而不是显示和接受生命的伟大理性——这才是唯一可靠且真实的有机结构。

分析企图在本质上把握某种存在的组成，尽管这种把握可能是虚假的，因为思想宣称能以超然物外、绝对客观的方式运作时，它就变成了上帝的深刻凝视。如果我们要警惕分析沦于滥用和贫瘠，我们必须要求每个人尝试拉开与思想的距离，参与这种苦行，它要求我们超越自我而抓住实在的现实。在做法上，一个人必须学习漠视自己，不去考虑效率和结果，这是一个值得推荐的做法，因为它将一个人带入思想的冷静和谦卑之中。要知道如何分析，必须让文字只说它要说的事，必须知道一个人说了什么，必须知道什么事被说出了，这就相当于要去接受限制，抛弃偶然性和个人的私欲。这是对限制和界线的接受。

可以确定的是，分析可以让人知道自己的缺陷。例如，一位博学的人说"它跟……完全无关"，以夸张的方式加以区别，因而让他自己与众不同；或者新手说"它与此有关！"或"它是相同的事"，他将它们合为一体，且对自己深信不疑。这两种可怕的极端，代表了思想上的卡律布迪斯和斯库拉。[①] 总结来说，分析就是学习阅读、学习反复地阅读、学习阅读自己。

[①] 这是希腊神话中一个著名的"两难"故事，是奥德修斯经历的考验。斯库拉，是希腊神话中吞吃水手的女海妖。她有6个头12只脚，并且有猫的尾巴。她守护在墨西拿海峡的一侧，当船只经过时她便要吃掉船上的6名船员。海峡的另一侧，则是名为卡律布迪斯的漩涡。船只经过该海峡时只能选择经过卡律布迪斯漩涡或者斯库拉的领地。——译者注

4. 综合

综合的主要意义和分析十分相近。如果分析是分解及研究复合物的组成，事实上，它也促使我们思考分解的对立面，即"综合"这门艺术。逻辑就属于这种实践——以正当方式进行综合的艺术。综合可能以分析的某部分出现，即成为分析的第二个阶段——分解的目的是为了重组。如果综合以分析为基础，反之亦然，相对于分析，综合也有其特殊性，因为逻辑或者说关于连贯性和事物联系的研究并不更多偏向分析，也不偏向综合。分析始于分解然后重组，而综合并不是重组、组合，重组往往意味着首先要进行破坏。事实上，综合必须通过否定来抛弃许多被认为是次要的元素。它的对象并不是合成物，而是散落的元素，它必须加以分类及组合。对分析来说，谜题已经在那里，但综合并非如此。这种差异可能只是形式上的差异，但具有重要的意义。

第一个重要意义是，综合是对它自己开放的——它提出什么是可与初始命题合并在一起的问题，它必须加以表达并思考如何合并它们。它所呈现的元素可能形形色色，甚至是与给定的命题完全矛盾的东西——一个可行的假说。这就使得综合在正题、反题之后，成为辩证的关键步骤，这可能与分析截然对立。如黑格尔所说，辩证是思想和现实的基础，综合处理诸多对立，允许否定，以到达更高层的理性。事实上，如果分析局限于研究"对象是什么"，那么综合则可能阐明对象与"它不是什么"的关系，并且，每个"它不是什么"也构成了它的存在。一个著名的例子是橡子与橡树的关系，这种对立的关系被阐述为"成为"的概念，作为一个经典案例，它出现在《精神现象学》（*Phenomenology of the Spirit*）的前言中。我们将在后面的"辩证"章节进一步探讨这点。

综合的两个基本流程，分别是演绎和归纳，这也是逻辑的基础。分析性演绎是从命题中提取出它所包含的东西，综合性演绎则将若干元素合并在一起而组成一个命题。第一类演绎是从单数产生复数，第二类演绎则从复数产生单数。三段论（syllogism）是其中一个最悠久、最常见且最有名的关于综合的例子。它主要是选定一个命题，称之为主命题，然后将另一个命题（称之为次命题）加入主命题之中，以得到一个结论。关于归纳，它跟演绎相反，因为它不是处理命题，而是从一系列事实中归纳出整体结论，尝试阐述一些命题以说明观察到的事实。

尽管逻辑有时被某些哲学家视为哲学的重要部分，如斯多葛学派，但是逻辑因为它简化或纯粹的形式也被另一些人只视为辅助工具。事实上，它的规则所确保的是陈述的一致性，而不是陈述的真实性，它检查它们的命题，而不是产生它们。但是在二十世纪，古典逻辑被分解成多元化的"逻辑"，使它重新成为一门有关"真理"的科学,尤其是在盎格鲁-撒克逊的哲学中,因为,分析的方式代表了一条正统且"科学"的思想大道。

除了组合命题及阐述指导组合原则的单纯逻辑及形式的层面,综合也是"理论化"和"概念化"的实践,因为它也意味着使用一个简明的想法重新组合原初纷乱的东西。因此,当我们阅读一段文字或理解一位作者时,我们会尝试将读到的文字浓缩成简短的陈述或简单的句子,以对内容和作者或显明或隐藏的意图做出总结,我们甚至会根据作者所说的话推断出重要的影响和后果。

在这里,综合的目的是提取出论述的基本要义,或把握论述的统一性、实质和主要特点。这样的统一性可能早已明显地包含在论述之中,进行综合的人将满足于从文本中选择一个自觉表达统一性的命题;或者,他将形成一个超越文本的命题,或多或少地对原初的现实进行解释,而这种解释有时甚至是文本的作者所不能接受的。在此,分析再次与综合相汇合,因为分析一段文字也涉及这样浓缩的命题,即使相较于综合,在分析中这一个命题会更加详细和成熟。以相同的方式,概念化的工作也与综合的工作有关,因为概念化的工作是产生一个术语或简化的表达来归纳一个更大的思想,以捕捉思想的基本要义。

还原其实是综合的一个重要层面。传统上,逻辑所使用的还原方法包括将复杂的假设或不常见的形式还原成可识别、可理解因此可修饰的形式。因为还原，统一知识成为可能，可在共同的还原规则下进行整合。因此，胡塞尔及其现象学提议将事实还原为本质，因而去除它们丰富的个体特征，这对于组合知识而言具有重要优势。

对我们来说，神秘学是综合的另一个有趣案例，是我们在柏拉图那里发现的特别激进的形式。它意味着，基于给定的命题或一系列命题，尝试尽可能地回溯到最初的、超验的原初：整全、真理、美、善，等等。它起源于柏拉图，即使它能够启发现象学的还原，它也没有相同的前提，因为在柏拉图那里，它是形而上学的，在胡塞尔理论中，则是经验主义的，换句话说，我与世界，它们都是经验性的。

在任何情况下，重点在于确定特定命题背后的基本要义，无论多么琐碎，都要超越表层迹象，凸显出给定命题所包含的预设。在所有的情况下，这意味着放弃已知的重要部分，尤其是经验性的、叙述性的和情境性的东西，因为对综合来说，它们构成了重要的心理障碍——人类的心往往不想放弃所有叙述的要素，因为它们组成了所谓存在的序列。柏拉图也定义了论述的本质，认为其统一性来自论述者意图的简明呈现。

相较于归纳和演绎，或除了归纳和演绎，我们希望提出第三种综合的形态，这个形态较不知名，但却是一个较新的概念，由美国实用主义流派的皮尔士提出，这个概念即诱导。这个概念之所以有趣，在于它可解释科学发现——通过观察和反思，心智会触发各种经验性或观念性的信息，这些信息会压在心上，让心惊讶，促使心依据已建立的原则来发展新的假说，有时这些假说完全违背既定的规则。这个概念异于黑格尔的"假说–演绎法（hypothetical-deductive）"，原因在于新假说不是心智预期的构造物，也不是理性反思的结果，而是一种不受控制的自我呈现，在开放、善于观察及专心致志的心之中，这意味着一种心灵的开放获取能力。这个流程存在某种非线性的东西，且存在质疑或分歧的可能性，总是如同实用主义一样，试图击败教条主义思想的过度执着。在这里，假设、意志和系统的全能性受到检查，因为它质疑先验的思想，认为世界原初的超验实在，其显现并非总是可预测。如果黑格尔企图说明对立，方法一定是将它们整合到一个系统里，但这系统的整合力量从未受到过质疑，因为它往往采取专断的执行方式。

综合是论述的简化，是总结，或是不同元素的聚集，或是直觉的涌出。它们产生思想。它们全都是意识的重要活动。在各种情况下，综合从间接中产生直接，它将填补空白，它建立联系——它是真正的思想，不是附属的次要工具。综合的矛盾之处仅仅在于它使我们说得更少却能更深入，这得益于精简的文字。就这点来说，它是种奢侈的智力活动，因为它要求严肃的态度和积极面对这种精神苦行的洒脱。它要求去减少和放弃我们对于总体和全面性的徒劳希望。

综合可以实现深化，因为它可以厘清，它之所以可以厘清，在于它能去芜存菁，让隐藏于变动不定、纷繁冗杂中的东西变得清晰可见。从这点来说，就像在修剪一棵树，它会让结构变得清晰，它组织好大量生动的文字和概念，让它们不再令人困惑。它偶尔需要重新组织、重新架构，因为它有时会发生意外的短路，如果没有这种短路，我们可能什么都看不见。

综合不是种中立的行为——它促进和谐，改变事物的面貌，消除各种模糊不明的问题，赋予对话流动性。因此，综合具有重要的意义。这并不是因为人们不了解综合前的各个部分，或综合所凸显的原则，而是因为综合后的结论具有不同寻常的丰富性，揭示出了过去不曾有人发现的、全然不同的东西。综合显示出我们已经看见的东西、我们可能视而不见的东西、我们没有能力去看见的东西、我们不愿意去看见的东西。

5. 例证

康德提醒我们提防"缺乏概念的直觉"，因为康德认为它是"盲目"的，但康德也提醒我们小心"缺乏直觉的概念"，因为它是"空洞"的。要避免陷入"缺乏概念的直觉"，我们必须分析，产生命题，然后提出概念，进一步阐述和组织这些命题。我们应重点关注案例，去进行叙述和经验化——理性必须付诸实践，并执行它的抽象工作，以解释例子所代表的东西，以及经验所提供或详细说明的东西。这迫使我们理性思考，发展出抽象思维，避免掉落八卦轶闻和一一列举的陷阱。

通过引用"椅子"这个概念，可避免对这个类别内的所有对象或事物的各种元素进行逐一的命名，比如以特别的名称命名每把椅子。从这个意义来说，这是一个普遍化的问题。反过来说，举一个例子来说明可以同时使这个概念变得清晰可见或具体化，而且还可以检验产生和组织这些思想的知识结构。因此，举例说明具有两个关键的功能：第一个功能是教学，因为它可以通过参考具体的东西来观察、理解、解释；第二个功能是检验，因为它可以帮助我们体验具体的事物，通过比较思考的结果和体验到的情况，验证思考的对错。

和所有的实践一样，哲学在实践上也面临一个问题。它的实质是，我们对世界的知识分别以叙述和说明的形式呈现：即以神话和逻各斯（logos）[①]的形式呈现。叙述是活生生或听到的

[①] 逻各斯是古希腊哲学、西方哲学及基督教神学的重要概念，在古希腊文的原义是"话语（word）"的意思，但是一方面它代表了语言、演说、交谈、故事、原则等；另一方面，也代表了理性、思考、计算、关系、因果、类推，等等。在哲学中表示支配世界万物的规律性或原理，也是"逻辑（logic）"这个词的由来。——译者注

事实和经验，它们构成一个经验事实。说明是用一系列思想和理论来解释经验，确保它们的连贯性和可预测性。哲学在面对这些知识时，将自己立于外部的位置：它怀疑、批评、检查、评估、比较，尽管叙述和说明也是它可任意使用的手段，但是，如果它把关于世界的知识投入检验之中，如果它质疑我们与世界的关系，那么它也通过关于世界的知识检验自身，或者它将间接地通过知识被世界本身检验。因此，教学工作和实践工作是一起的，因为哲学家必须面对其他问题。因此收集例证对哲学家来说至关重要，如果没有例证，他有可能迷失自己的心灵，把自己囚于个人的囚牢之中。

举出例子就是要知道自己在说什么，让人们知道自己在说什么，并检查自己发言的可行性。当然，言论有其自己的道理，要通过理性检查论述的连贯性、论述本身准确明晰的程度。但由于这个论述也试图解释世界，所以它通常声称掌握了一个超越于它的实在，一个根本的构成性的实在。这是一个问题——它究竟能在多大程度上掌握这一现实。对此，提出一个例子似乎是验证所需的最低要求。在没有例子的情况下，我们怎么能够理解真实的、外在的事物以及事物的另一面？人们怎么能够表明他与世界的关系，表明他拥有与世界相关的知识？正是在这个意义上，人们既需要关于经验数据的论述，又需要关于经验本身的论述，既需要进行论述，也需要对论述进行反思和辩别，如此才是名副其实的哲学思考。否则，在这些言论被说出后，它们便会自成一体，对自己的内容深信不疑。要是言论被公开宣布，人们更是可能赋予它无限的信任。

尽管如此，我们并不是要让当前的预设保持下去，这可能会把具体的事物视为单一或原始的"实在"。因此，目前正确的反应是："这些仅仅是想法！"这就使得我们认为，物质现实才是确实可靠的，没有缺陷，它可以不符合那些太过抽象的想法和概念。因为这个物质性的东西并没有直接触及我们，而只是通过我们身体的不完善且有偏见的感官，这些感官所提供的信息没有经过理性的思考和判断。但是，当我们将物质作为真理的传达和承载者时，我们其实将物质置于陌生和中介性的地位，而不再是熟悉和直接的地位。

物质是不同的，是外来的，是抵制我们、影响我们又逃离和疏远我们的东西。从这个角度来看，物质能够防止我们太过主观。具体事物的意义在于其偶然性和任意性，它统一了并不必然联结的东西。具体事物的存在不依靠某种原则或先验的东西，它就是它自己。从某种意义上说，它是偶然的现象。我们可以总是把它的存在合理化，但这只能是让自己放心。在任何情况都无法对具体事物做出全然理性的解释，我们只能通过设想具体的情形、根据一些有效的理由来解释它。进一步尝试任何目的论的解释将是相当危险的。但是，为了验证我们的假设而采取的特殊具体案例，与在理论上具有普遍性的某种"具体"

截然不同，后者似乎出于我们对某些伟大智慧的本能接受，其内在意义并不广为人知。这似乎是从大智慧中产生的一种反思。并不是说这种具体是更真实的。或者，如果说它更真实，那只是因为我们意识到它逃离了我们。

具体物质和具体现象的主要优点在于，它提醒我们注意自己的有限性，为我们的思想树立典范，而不是任由思想自由地驰骋或飞行。正是在这个时刻我们将接受：具体之物就是具体的，我们也会因此放弃痛苦的幻想，不再想要对这些具体之物进行彻底的合理化，不再为了获得安心而不惜一切代价。

6. 确定预设

柏拉图告诉我们，言论的真实性在于言论的统一性。它的统一性常常是它的起源，无论是客观还是主观的层面。言论的主观起源是它的意图，它被宣布的原因，它自认为要实现的目标是回应、展示、证明。但是，言论往往并未意识到自身的本质和意图，它无法描述它是什么。多数时候，它只是反应而已——它只表达正发生在我们身上的感觉，提出特殊的想法，而不考虑是否恰当，或者它企图为自身辩护。要确定言论的动机是非常困难的，它会使用含糊、懦弱的表达方式，比如为了试探而透露意向、表达某种感受或只是"想说"。它只是说而已。它也只是如此相信……

言论的客观起源首先是一个思想的母体,从那里发展出想法,也就是言论所从属的"哲学流派"。例如,言论中出现"关注快乐"这个观点,不管有没有提及它。或者,它是这个想法的基础。辩论的逻辑和示范性就是这样一个原则。对于某些人来说,以一种更简单、不那么具有哲学吸引力的方式,表达一种特定的、不明确的想法,在听众看来,这是自由陈述想法的默认规则。理解这种隐含的规则是进行思想讨论的前提。例如,当我坚定地说"我一定会去赴约"时,我没有意识到,我在假装能提前知道世界的状况,我假装能预测未来,忽视死亡。否则我只会说"我会尽我所能前往那里"。或者,我会加上"阿拉真主",就像穆斯林那样。

在确定假设时,关键在于如何确定判断的条件。在这里,判断将判断式分配给一个主体,或者把特定的事物归于普遍的事物之中。现在,问题在于确定命题内容,无论是明确的或隐含的,而不是让命题说出它没说的事,即康德口中的分析判断。依据康德所说的,这样的判断并不会给所要处理的主题增添新的东西,也不会带来新的概念——它只是通过分析初始命题或概念的数据来进行分解,以揭示各种判断式,在此之前这些判断式存在其中,但却是混乱的。让我们想想康德的三角形例子。我可以分析说三角形有三个角，因为这个想法包含在"三角形"一词中，只是不够明确。但是，我也可以通过推理暗示它有三面或三个角的总和为180°。康德在这里引入先验综合判断的概念，只要我可以表达这种判断，而不诉诸"外部的"经验信息，只用理性的操作来获得新的知识。我们无须进入这些并不时常明确的细微差别，但我们必须认识到"辨识假设"包括确定某个陈述所依据的智识框架，阐明构成和产生某种思想的概念。

只要我们的哲学实践，不是依据严格的形式逻辑，要求纯粹必然的关系，这种解释就不仅有关必然性，也有关可能性，尽管当我们做这个判断时，有必要区分这两种情况。例如，如果我们使用非此即彼的原则，我们可以假定一个人若依据价值 A 决定，则这个人不是依据价值 B 或 C 决定，以这种方式拒绝 B 与 C。显然，有人可能表示反对，认为 B 和 C 在原则上也可以选中，例如在第二次的时候，因为它们没有被明确拒绝。尽管如此，在确认的时候选定的不会是 B 或 C，而是 A。我们必然会相信"说过的话"，并因此认为已出现的即是事实。按照简约的原则，最好避免纯粹的可能性，如"可能被说出的内容""可能是什么"，否则，我们会陷入自由假设的误区。

这个常见的错误是因为害怕错误，黑格尔将它称为第一个错误。因为如果我们假设只有"必然的"才可被认为是判断，而"不一定"是可以接受的反对意见，那么许多相关的判断就会被消除，然而这些判断属于常识。因此，如果一个人说出"不该伤害邻居"的话，我可以得出结论，这个人对事物有道德观念。但是可能会有人反对，表示这个发言者可能只关心自身声誉，为了获得认可而已。当然，这是不可否认的。这种可能性不能被断然否认，但是由于没有这类证据，所以判断必须依据给定的证据，根据"看到的"而决定，不能依据其他东西。只有获得更多的信息后，才可以考虑改变判断。

另一种解释值得一提。正如我们所说的，辨识假设涉及辨识发言的概念基础。这是对话中常见的修辞学技巧，其中包括阐明概念且同时否定它们。例如，"这不是个道德问题"或"我不这样做，因为这样才适合我"。在第一种情况，发言者讲出了一种对事物的道德观念，在第二种情况，则表达出"工具主义""功利"甚至"自我中心"的色彩。但还是会有人反对，在这两种情况下，这个概念被否定，甚至被批评，因为它被拒绝了。我们将如此回应这种情况：尽管概念被拒绝，但是这个概念构成了句子，创造了它，赋予了它含义，这意味着概念是句子的实质。无论发言者与这个概念有什么关系，后者都占据了他的思想，并让他将这种思想表达出来，因此，在表达中，基础性的概念往往成为思想的前提。我们也可以说：特定的概念决定了言论的范围与基调，因此也决定它的实质。与上帝对抗的无神论者，致使上帝存在。争取平等的正义追求者对权力感到焦虑。无论我们多么震惊，我们难以逃避我们的行动和言语。

7. 解读

确定预设的障碍之一是主观性——既然我们声称在分析判断上是客观的,那么我们不可加入我们自己的东西。尽管如此,我们不能先验地拒绝这种主观性的促成作用,即综合判断所起到的概念化的作用。唯一的问题是确定这种主观的作用在多大程度上是任意的、毫无根据的,或者说它在多大程度上属于常识,尽管它有其独特性。这就是解读的任务。

关键在于,给出说明,进行翻译,并使人理解,因此,我们必须添加一些概念,冒着歪曲意义的风险,因为使用不同的术语其意义是不相同的。正如演员以一种特定的方式扮演自己的角色,以特定的风格为作者的文字赋予形体;音乐家通过呈现他的思想与感情,甚至是他对作曲家意图的理解来诠释音乐作品。在心理学中,作为动词的"解读"更为负面,因为它意味着"将一个扭曲或错误的意义归于一个真实的事实或事件",这个消极的内涵已经相当广泛地传播开了。

虽然我们希望赋予解读以知识上的正当性,但我们必须防止这种判断可能导致的滥用。现在,无论我们喜不喜欢,我们总会无意识地尝试——就像患了主观性的毛病,以企图接近警戒线,并将原本不属于某个论述的东西加诸其上。不过,有必要冒这个风险,否则我们将不敢思考。有些人认为他们避开了这个问题，他们谴责解读，假装不解释或不判断，但这种说法可能是荒谬的。从一方面来说，如果他们真的这样做，他们就不再思考了，因为判断和解释是必要的，这些方式帮助我们评估所听到的话。没有这些，我们只能听到词语及其纯然事实层面的含义。从另一方面来说，这通常是谎言，是自欺欺人，因为实际上不可能不判断，即便是假装不判断。因为禁止判断是原则上的矛盾。驱逐判断是一种激进的判断，意味着知识和道德的预设。最多仅可以暂停自己的判断，或者试图将判断的部分与已知的部分分开。这两条指示要求对自己做出很多努力，要求高超的技巧，不可能毫无困难地进行。

为了解读，为了正当地辨识内容并展开这项活动，我们必须知道一个重要的前提是，话语不属于任何人，也就是说，话语属于每个人。没有人可以夸耀自己能够真正解读某人，除非是自己或跟我们亲近的人。信奉专家观点的人，假装"真正了解"一个人或其思想的人，尤其是坚决肯定"我知道我在说什么！"的人，在这里没有任何价值。这并不是说我们禁止这些人冒险判断，相反，他们处于绝佳的位置可以进行这样的分析。但事实上，情况并非如此，正如我们所提到的，原因在于话语往往用来自我辩护，因为太多利益而处于危险之中。一旦有什么东西即将丢失，言论便被截断、被伪造。因此，位于智识活动核心的不再是言论，而是人、地位、权力、形象、财产，等等。

因此，一个人会惊呼"你不了解我，我的意思是……"，现在，问题来了。问题在于听不到他想说什么，只能听到他已说过的东西。这个时候，由于发言者经常发现自己难以和自己的发言一致，所以他最不值得相信。他的内心太过沉重，他沉浸在他的意图、恐惧和否认等之中。当聆听者与发言者的言论之间没有直接关系时，相对而言，聆听者可能处于更好的位置，可以充分掌握发言的内容。因此，他能够更好地看到并确定预设。但如果发言者和他自己保持足够的距离，他肯定能够看到自己的思考，这就是所谓的哲学思考。

因此，柏拉图认为思考就是与自己对话，邀请我们把话语的神秘解释作为解读的规范性的理想。我们可以尽可能发觉话语的统一性或本质，这可以让我们更接近"确定预设"的工作。我们应前往概念所在之地、哲学的无意识之地经受严格的考验，做出关键的选择，做出思想的决定性选择。

在返回原来旅程的路上，在这次的知识考古发掘中，我们会发现我们的真实形象。这是名副其实的智识或精神思考的必要条件。这条通往无限的道路，这种对简单事物的考验，并不是一种容易的苦行。我们常常喜欢将我们自己埋在情感表达和博学的表现之中，看见我们自己是痛苦的，其他人也是如此。因此，大多数的讨论都不冒险进入这些危险的区域，因为太靠近我们的隐私。或者，因为我们太敏感了，觉得这是一场战争，充斥着敌意、恶言和危险的解释，人们最希望率先接触到对方并伤害他。这个残酷的剧场所上演的戏码是真正说出自己的想法，走向自己思想的终点。这是朋友之间不可接受的暴力，是违背良好社会道德的行为。然而正是这种暴力、这种残酷位于苏格拉底的灵魂诞生的核心。不能认为自己只应该生出美丽的宝宝——揭露小怪物也是必须的，因为它们就在那里，它们也有生存的权利，即使揭露的后果可能是牺牲。

有一种有趣的解读方法，即重述，也可以称为转述的练习——使用不同的话语或文字来表达已经表达过的内容。虽然重述一个想法是困难的，但更难的是评估重述。因为，也许我们的用词是普通的，我们熟悉我们所使用的词汇，但我们的邻居却不这样。因此，这样的评估仍然是真正的思考练习，介于严谨和灵活之间。基于这个原因，许多老师偏爱重复，胜于转述或重述——这项工作的风险较小，且不那么劳累。重复的缺点在于不知道学生是否理解以及意义在学生心中内化的程度。在谨慎的面具下，这种正式的做法是有利的、受到喜爱的。但把原始内容和另一个人所做的转述放在一起，则意味着一种晦涩的知识体操。因为，转述可能选择让我们惊讶的某个角度，使用意想不到的文字，其中所呈现的重点和忽视的内容都与我们相当不同。尽管如此，即使我们自己没有产生这样的重述，我们也必须考虑我们在多大程度上能够接受这种重述。

这里让我们重复音乐的比喻，我们必须聆听解读者诠释原创者的作品，判断它的表现是否忠于原作，即使我们并不认为它忠于原作，即使它不讨我们喜欢，只是激起我们的惊讶。这并不表示我们陷入相对主义的陷阱，在相对主义中，"一切都是平等的"，虚假的"知识良心的自由"盛行，背叛也是种现实。一个人的确可能会错误解读，或解读不足，或过度解读，同时他的术语却可能具有重要的价值。一个思想可能会被赋予与原始内容相差太多的意思，忽略一些重要层面，使得重述出来的内容失真，或者大幅恶化某些方面而歪曲了给定的内容。

解读是门艺术，这是理解的唯一保证。必须翻译才能理解，但翻译其实是种背叛。对于这种怀疑，有些人可能会以不完美的意识来作为理解的保证。不是通过解读来进行理解，而仅仅通过自己的意识。理解自己和理解他人也是相同的道理。

第四章

哲学的能力之二——概念化

1. 概念

概念或概念化仍然是一个神秘的词语，但它是哲学思考的一个特征，攸关哲学的活动。概念被用作一种工具，被用作一个基准，但是人们从来没有尝试充分地定义它的存在或更精确地定义它的功能。在哲学的教学中，人们没有付出特别的努力来学习如何使用概念——我们称为概念化的练习或学习。或者这类练习仅局限在定义的练习上。导致这种情况发生的主要原因，也是通常限制我们哲学思考的原因，是对于概念是什么这个问题，存在许多不同的哲学观点，它们相互碰撞，缺乏共识。是什么让概念有别于想法、观念、见解、主题、类别等？现在，让我们问自己一个问题：这类细微差别或区别的好处或用处是什么？对某些人来说，概念的特殊性在于客观性和普遍性。概念这个词有多大程度与这种特定属性或对它的普遍性要求相称？

为了避开哲学中如此常见的争吵和考验，让我们采取极简主义的观点，即概念是以直觉的方式使用的，是构成我们思想的术语。概念是一种关键词，因为它可以打开和关闭思想之门。当然，通过这样做，避免在这个问题上进行太多的理论研究，我们也避免了冒险去阐述它的"真正本质"。至少在启发学生学习哲学方法的人看来，在定义一个被使用的概念时，说明概念的"真正本质"是对定义的正常要求。

但是，与这种定义相比，我们通常更偏好在概念的使用上保持一致和清晰。在论述中，我们可以没有对概念的定义，但是不能没有概念。也许正是定义和使用之间的这个差距显示出了概念的特殊性质。事实上，按照一般的说法，如果一个人"发现"或"拥有"了一种想法，或是"拥有"了一种观念，那么这个人实际上就"发明"并"使用"了一个概念。因此，概念很自然地就成了工程师的一种工具，一种思想工具，一种发明。如果想法是种表达，观念是种知识，那么概念就是一个可供操作的符号。根据这个可操作性，我们将辨识和评估概念。

那么，概念的普遍性呢？概念是特定的，还是一般的？他们是否属于作者？例如，"本体"的概念属于康德吗？或者它们属于常识？比如从远古时代就出现的"正义"？我们可以认为这两种概念相互对立，但也可以说它们是不可分割的。关于前一种——"本体"，这个概念比较特殊且较不常见，因此可以通过常识进行理解，找到它的意义和可操作性。事实上，就"本体"而言，我们很容易承认或想象任何特定的实体都被赋予了某种内在性。关于后一种——"正义"，虽然如今"正义"这个词随处可见，但"正义"却是一个原初的历史的产物，从一个共同的直觉中产生了两个含义：一个是合法性的制度，另一个则是合法性原则。

然而，为了把概念的两个属性，即"普遍性"和"功能"联系起来，我们提出下列假设：一个概念的普遍性由其有效性、使用的可能性和效用决定。换句话说，如果一个概念名副其实，则它的效用就必须是显而易见的，否则它只是形式上如此。因此，我们必须避免在概念的定义上无止境的细微差别，我们对这些不再感兴趣。就像数学函数，它必须能够解决问题，它不是无故存在的，它本身并不是目的。如果它足够精准，则它一定会被应用。它可能是奇特的，但它的操作性将赋予其普遍性的地位。因此，从通过用一个简单的方法执行每件事情的经验实践出发，我们尝试将行动或特定思想予以概念化。也就是说，以抽象的方式撷取出各种可能情况的基础及共同性。因此，现在是离开叙述、见解和具体事物而进入分析的时候。

2. 概念的功能

概念活动有不同的形式或形态。当然可以重新创造一个概念，人们正是根据这一行为识别出伟大的哲学家，正如德勒兹所说。但是我们也可以认识一个概念，即发觉一个已经建立的概念，召唤它。人们也可以定义一个概念，这是许多哲学家和老师的论文或理论工作的序言所做的事。更直觉地说，人们也可以使用一个概念，这仍然是一个概念活动，尽管其分析的色彩较少。

让我们提出三种与概念有关的活动。

（1）了解哲学传统所产生和认可的概念。在这里，重点在于知道及使用普遍承认的、可供参考的概念，以及从一开始就信任这些概念。这些概念可能是一般或具体的。要想知道就必须学习，也就是说，要想习得，必须运用记忆。此外，还要定义，即要精确解释概念的本质。知识当然决定了使用概念的能力。这里的典型陷阱是学习概念，但却不学习如何使用概念。如果把自己局限在一个简单的陈述或一个定义里，那么所有的行动都没有真正的效益。

（2）认识一般的概念。这意味着在概念出现时认出该概念，无需该概念明确显示。这里经常出现关于抽象的问题——对抽象感到恐惧，当抽象出现时无法察觉。有人摆出这样一种姿态——拒绝看见抽象。概念不再是一个概念,它被降低为关于一个特定情况的简单阐述。它被剥夺了一般操作性,被剥夺了普遍性,它变成了一个特殊的、具体的案例。

(3)创造一个特定的概念。这是指阐述一个概念,以解决一个思想问题。所使用的词语可能是一个普通常见的词语,一个偏离原有意义的词语,或是一个新词。重要的是要认识它的具体用途,因为概念往往以相当直觉的方式出现。

在传统的哲学教学中,对经典概念的学习仍然是概念唯一被系统化的层面。通过教授的课程和课文,学生吸收一些多多少少适合他们的概念。因此,在专题的关键练习中,学生最好表现出他习得一定数量的概念,而不单是引用它们,应以适当的方式使用概念,来显示他们的理解和精通。但学生终会被要求根据自己的观点来阐述一个特定的主题。换言之,学生需要提出一定数量的概念,他必须把这些不同种类的概念结合起来,阐述出一个连贯的整体。但是,没有任何练习、实践、课程可以帮助他掌握自己的思想。一方面,学生有自己的个人修养;另一方面,他会看到和听到老师做出举动,但他从没有在课堂上训练过自己。那么他唯一实践这门艺术的时候,就是他单独在考试中或在家中尝试完成少数论文时,且只能从后来老师的建议中受益,即老师在他的论文里潦草写下的几条评论。换句话说,只有三重练习的第一部分——定义,才是课堂上真正的研究对象。而且，我要再次强调，只有在理论层面才是如此，甚至在实践中都不是如此。

3. 了解概念

因此，要处理的最直接的关键问题似乎是前面提到的第二个部分——了解一个人以直觉方式使用的概念，以思想操作者的身份所使用的概念。逐一思考每把椅子并不是科学的方法，因为这样的做法否定普遍性，或至少拒绝任何的概括。科学方法总是假设某种形式的统一性，以抓住适用全体的原则。现在，使我们能够掌握宇宙的普遍性或一般特征的是理解、直觉、推理等心灵活动。这把椅子，我可以碰触它，看见它，坐在它上面。感官扮演起点，作为初步的资讯工具，且是用来验证陈述内容的工具。具体而言，在极端情况下，我不需要词语来表达我的想法——我可以伸出手指。椅子的概念（或理念）则缺乏这种示范性要素，而依据某种协议——对方应该知道我正在说什么，但这不可能立即显示和通过经验检查。

话虽如此，已知的概念会遇到一些障碍。第一类问题是如何界定。是否有任何物体或现象适用于这个名称？我所坐的树干算不算是椅子？那么木箱呢？这种情况迫使我们了解椅子不是一个特定的对象；它不是一个明显的事实——它是心灵的产物，像心智产生的每件东西，它知道它的极限。

在这里，我们在认识和创造之间摇摆不定——界定迫使我们定义概念，运用纯粹的直觉，将它进一步概念化。例如：椅子的定义是依据它的形状还是功能？如果椅子的定义是依据其功能——供人坐着，那么树干也可以是椅子；如果椅子的定义依据其形状——椅子腿和靠背，则树干不是椅子。在这里，具有操作性的是一种功能或一种形式，或是两者兼具——这种精确性就是区别概念和理念的东西。原则上，和概念相比，理念更普遍、更主观。尽管理念也总是要求定义，这一点与概念非常接近。

为了区分概念和理念，让我们提出下面的命题。理念与其说是一个普遍的实体，不如说是"自在"的东西，而概念则是种功能或关系。如果说理念仅局限于直觉，则概念比较注重用法和定义，因为定义一个东西必然涉及跟其他东西的关系。

我们必须承认，最后这种区分可能非常脆弱。但是，它使我们反思我们思考对象的状态。为了避免概念或其他东西发生过分的理论化，让我们询问一个问题：这会发生什么改变？在这个反思中，第一个区别似乎很重要。是先定义再使用？还是说有可能更可取的是先使用再定义？第一种做法是最常提供给学生的建议，以帮助他们论述，但相反的做法也同样有效。在这个关键的选择上,亚里士多德和柏拉图发生了对立,前者支持初始定义,后者主张解决具体问题。假设定义是最初的行为,意味着必须事先知道所使用的理念,然后必须把它们相互结合起来,尽管这要冒着思想僵化的危险,而不是进行一般的命题来揭示所使用的概念或理念。

最开始,学生可能会提出一些初始概念,但后来他可能会不再试图理解写作过程中产生的概念,不再以此详细分析他的作品。实际上,这些概念与前面的概念同样重要,但这些概念也可能改变甚至抵触最初提出的命题。因此,我们提议在"承认概念"的原则上工作。这并不是宣称某种方法是至高无上的,而是要从哲学和教学的角度出发,思考不同的可能性及各种优点。特别是因为有些学生走某条路会比走另一条路来得自在,有助于建设自己的思想。有些学生宁愿从一个普遍的趋势开始,冒着模糊的风险;有些学生则选择定义明确的概念,冒着思考僵化的风险。

4. 概念的使用

概念必须是可识别的。根据概念的定义,尤其是概念的用法,应可识别概念。例如,它应该允许人们解决或回答一个问题。最重要的是,它必须能够建立联系,这是它的主要任务。

尽管玻璃杯之间存在差异，但是"玻璃杯"这个概念能把所有的玻璃杯都联系在一起。它还必须按不同顺序将两个词语连接起来。比如说，玻璃杯这个概念将"喝水"和"水"联系起来。这种关系的概念符合一般的推理。但多数的哲学教学工作是让学生察觉到普遍的情况，使之变得特殊，赋予其超越事实的意义。这是概念和概念化的特征。玻璃杯和水之间有什么关联？玻璃杯装着水。除了这个直觉的答案，我们必须了解我们已经引入了一个新概念：装着。在不同的玻璃杯之间，这是另一种角色、另一种类型的关联——将相似性质的事物进行分组的普遍化、抽象或分类，而不是依据关系，无论是因果关系还是其他关系。

也许我们有另一种可能性来区分更接近范畴的理念和概念。然而，这也是一种操作，但是它的"定性"色彩大于"功能"色彩。第二种操作显示出另一个难题：是什么使两个事物相似或不相似？或者再一次提出"两个实体有什么共同之处？"，区别于"两种事物或两个想法之间的相互作用是什么？"。

从这里，我们可以看到一些练习。A和B之间有什么？A和B之间是什么关系？什么概念被用来给这个句子或那个句子赋予意义？我们发现建立关联是困难的。自然的趋势是迫使每个概念都停留在它的角落里，停留在它思想的孤岛上或它经验的或理念的独特性之中。常见的无聊表达"它与它无关！"是这

第四章
哲学的能力之二——概念化

种自然趋势最明显的表现。"这是另一回事"则让问题的解决或思想的阐述变得遥遥无期。反过来说,还有一个现象与上述情况一致,尽管形式上与之相反,那就是这些观念不考虑逻辑、没有明确表达联系,也没有经过考验就被连结在一起。它采取杂货清单的形式,想法完全被孤立或被人为地聚集在一起。哲学的教义(doxa)很容易陷入同样的形式,因为它极度关注与定义的变形相关的精确度,这样的关注往往优先于其他考虑。

困难之处在于承认概念只是一种流动的工具,它可能会明确显现或不会显现在论述的结果中。此外,在任何情况下,都必须能够识别概念和澄清概念的意义,以解释它的用法。

如果概念出现在一个句子中,那么问题就只是认识命题所阐释的关键词。我们必须衡量它的意义和后果,必须看到它所带来的新鲜感,并问自己在回答什么。如果它肯定,如果它回答了什么,它也必然是某种形式的否定。让我们问自己它否定什么,它拒绝什么,它声称要纠正什么。基于这个原因,使用"对立原则"是很有趣的。如果这个概念不在那里会发生什么?它的对立面是什么?它拒绝什么?它隐藏什么?因此有必要更加关注这个确切的概念。如果对其含义进行测验,而它突然显得不恰当的话,这有可能更好地理解所说的内容,且有可能改变概念。

此外,概念可能不会出现在命题之中。于是就有必要表达它,以修饰后者。如果有必要,要在补充命题时加入概念的阐述,或者用它的阐述来拟订一个新的问题。为了表达未被说出的概念,"对立原则"也是有用的。这个命题说了什么?在这个命题与其结果之间什么是重要的?它们各自的条件如何不同?在这里,当人们在思想的元层面运作时,不可避免会发现哲学的伟大矛盾——特殊和普遍、主观和客观、有限和无限、本体和现象,等等。读者可阅读本书后面关于"矛盾"的章节。

这类练习中常见的困难之一可能是因为我们这个时代的相对主义和偏好一致的倾向拒绝理解对立。在两个命题之间的关系中,人们看到"另一方面""补充""精确",但是较难看到对立。特殊与普遍的矛盾,有助于区分普遍命题与特殊的具体情况,但面对这一矛盾时,许多人感到犹豫而不敢提出对立,并倾向使用已经提到的词语。若是如此,只要这种矛盾没有表达出来,只要论述的结果没有受到质疑,就不会造成麻烦,但最后,概念不再具有明确的定位。

学生摆脱对立的另一个典型方式是借助"稍微或比较"这个概念。因此,他会写:第一个命题是具体的,第二个命题则较不具体。但他会拒绝真正限定第二个命题,而默认消极地限定它。然而,他所使用的"具体"概念的意义将随他使用"普遍""抽象""模糊"或"一般"等对立的概念而有所不同。因此,问题在于要拒绝使用"稍微或比较"来更具体地界定概念。和圆桌相比,方桌并不是"比较不圆"——它是方形的。这里的目的是要明确选择特定词组,使用对立原则,可以帮助澄清思想并将思想付诸实践。这样的练习有助于作为一种证明从它的状态中引出一个给定的概念,通过它的反面来强调它。让我们举个例子:一个学生主张将某个一般命题定义为"普遍的",且经过各种犹豫之后,把该命题的对立物——一个更具体的命题,定义为"自然的"。令人不解的是,他又提出"人造的",作为"自然的"的对立物。普遍性是人造的吗?然后,他拒绝这些矛盾的后果,使用"特殊的"取代"自然的"。他也可以假设一个新的矛盾,就像"自然的"和"人造的",只要他能够解释。因此,由于对立原则,我们可以阐述和澄清概念的内涵,进行反思,甚至提出新的问题。在这个具体的例子中,学生拟订一个"普遍的"和"特殊的"命题,将两者联系起来,因而有可能检验"普遍的"这个命题。所有的这一切都是采用有意识且明确的方式,而不是模糊、直觉和隐晦的方式。

这种练习的另一个常见障碍是拒绝集中、细致的工作。宽泛的工作一般似乎更舒适,不会造成焦虑。与其分析一个给定的命题,学生宁愿添加单词、新的命题或新的例子。由此学生宣称他们解释了原初的命题。但他实际上并未真正解释,而是提出了无关的想法,或者正好相反,他只是换了种表述,重复已经被确认的内容。有时候,几乎因为偶然的缘故,想法实际被解释了,但却是探讨这个想法的后果,而不是面对这个想法本身。原因很简单：对我们来说，我们非常清楚我们所表达的想法，因此似乎没有必要详谈它们的状态和意义。我们喜欢"前进"，静静站着太痛苦了，我们宁愿大步向前。尽管这会让我们更好地质疑自己的想法，但并不是每个人都希望这么做。心智发现添加想法比处理概念和概念证明更容易。

当然，概念的定义可以是个有趣的练习，但它常常被认为是绝对和固定的决定，这使得练习被简化且受限制。

5. 学习或奇迹？

我们刚才所说的实践应该是课堂学习的内容，不应指望学生可以奇迹般地把自己的思想概念化。为此，我们必须准备好对这样的过程进行说明，而不是告诉学生概念的产生是老师自己的特有天赋或是学生的天分实现的。所要做的是准备好辨识和报告思路。或许有些学生和老师能够轻松地进行概念化，但若相信大多数人都是如此则是荒谬的。即使这个领域内存在直觉，但通过概念化的练习，实现概念化才是最重要的。虽然莫扎特在音乐理论或作曲上可能不需要学习太多课程，但对普通人来说，并非如此。因此，认定学生和我们自己可以免去练习，这是很放肆的想法。如果概念局限于既定的概念，局限于作者的才华所提供的所谓客观性或普遍性,我们便无须惊讶,学生在他们的论文里只是拼贴了他们可部分理解的引文和现成的观点。然而,反思的核心和评估的真正标准仍然是独特思想的概念化和表达。因此,最好是教导实际的做法,而不单是参观哲学家博物馆。

第五章
哲学的能力之三——问题化

所谓"问题化（problematic）"是什么意思呢？这个术语或者说概念是如此令人尴尬，以至于定期会出现一些声音，要求一举消灭它。

它是一个模糊、复杂、难以捉摸的概念，在今天的许多领域中都被人所理解和应用，却又显得平平无奇。但是，接受这种平庸是必要的，因为这正是一个概念的真实性所在（所有概念都是如此），普遍的可操作性确保了概念本质的生命力，尽管这也可能让概念变得衰弱无力。毕竟，为什么独特性应该是哲学品质的保证呢？难道一个概念的精妙之处，不正在于能够从公然的事实中总结出来吗？这种明确的事实，一经洗礼、命名，不就跳到众人眼前了吗？概念的精妙所在，不正是在乍看之下令人觉得简单吗？在那之前，如果有个东西，让人什么都看不清，仅能看到模糊的颜色和形状，然而一旦有手指指向这个东西，一旦它有了名字，就没有人可以再像以前那样看它。这个东西能够诞生，具有活力并得到界定，都是因为概念给了它生命。这个东西越清晰，概念就越具有活力。只是由于思想上的曲解，那些值得赞美的概念才变成了某些精英人士的专属领地。因此，如果聪明的头脑不再了解"问题化"的概念，那么有必要唤起这一普遍共有的常识，以便体会和欣赏常识是如何理解这个概念的。

1. 可疑

所谓"问题化"，意思是可疑。这种怀疑将提出问题、满怀忧虑并引发讨论。在法语中，"problematic"一词在历史上的第一个含义就在于此，因为这种不确定性使我们在证明和使用任何存疑的实体时犹豫不决。从希腊语"problema"来看，问题是被抛到我们眼前、可能让我们陷入困境的障碍物。最好的情况下，它引人注目，要求我们放慢步伐，付出努力，要么绕过它要么跨过去；最坏的情况下，它直接打断我们，令我们措手不及。从康德开始，"problematic"[①]被界定为具有假说的性质，区别于另外两个词语："实然的（assertoric）"，即作为事实得以断定的东西；"必然的（apodictic）"，即被证明是必然的东西。在这两种确定性之间，信仰和证明在不确定的事物中、在产生怀疑的阴影中蠕行。

[①] 在康德著作的经典中译本中，problematic 被译作"或然的"。——编者注

所谓"问题化",便呈现在这种可能性的序列中。它只是一种假设而已。即使在非假设性的事物中,这种假设似乎也是必要的或难以避免的。这种假设对于柏拉图的哲学架构是至关重要的——假设的存在是必要的,但是对它的阐述则构成了一个难题。这是对假设的褒奖也是对假设地位的否定。例如,为了对我们自己进行描述,我们难道不是要假设自己的统一性吗?难道我们不是以同样的方式假设世界的统一性以便使用各种方式说明这个世界吗?然而我们同时也怀疑这种统一性的本质。因为,尽管我们能够肯定、推导、归纳、证明关于这个世界或存在的许多事情,但是当我们关注如何把握或界定这种统一性时,思想的核心就会受到伤害。

对于这个难题,我们甚至不会去考虑,也无法有所理解,我们必须假设这种难以捉摸的统一性才能够进行思考。如果我们停下来,质疑这种论述所依据的正当性,在我们疑惑的目光中,事物与其自身之间就会呈现出一条裂缝。随后,具有伪装性的描述会再次假定事物的真实本性。因为,只有通过这种假说,我们才能弥合事物与其自身的裂缝。最后,我们意识到,我们已经做出了选择,选择了我们早已提出的,一切发生得如此之快,因为我们急切地想要在黑暗中找到道路,这条道路是有效和便捷的,而我们想要前进。如果冒险确实是故意为之,如果助长风险的傲慢意识到了它的僭越,那么这场冒险就再合理不过了。例如,"普遍性"和"特殊性"这两个概念,就能很好地反映超验概念的存疑本质,因为它们触及我们思考的极限。

2. 非假设性

无论是时间、空间、存在、统一性、自由、实存、理性,还是其他对于思想而言必要的基础概念,作为哲学活动领域的思维的必然性,作为话语基础的一切事物,都不能避开质疑。质疑,不应被视为一种外在的、偶然的行为,而应被视为一种重要的构成性的东西,有关概念本身和维持概念的思想。因为超验的概念对我们而言并不明晰,当我们相信可以通过一定的思想活动牢牢把握住这些概念的含义时,它们的模糊性甚至自相矛盾的性质总会迫使我们放弃。

总是能够让一个命题变得可疑,因为每个命题必然阐述两个词语之间的确定关系。如果在与第二个词语的关系中阐述第一个词语,那么就有可能在第一个词语和第三个词语之间阐述出某种关系,以此类推,还可以有第四个、第五个词,等等。这种或多或少有限的过程,将使我们对事物的理解变得不稳定。但某些词语或概念本身就具有某种异质性,同其他的词语不一样，它们与其他词语之间的关系不是外在的，而是内在固有的。它们具有清晰的思想力量，它们可能被称为初始概念或界标概念，这取决于我们是用它们来展开思考还是在思考中找到它们的目的或结果，而这往往殊途同归。这些初始概念是非假设性的，其意义取决于难以维持但却必要的假设，这是思想的无条件的条件。

有关这些概念的假设以悖论的形式出现，这些概念产生矛盾和对立，容易引发疑问。这些矛盾的问题和命题还没有构成这些主题："一"和"多"、"有限"和"无限"、"自由"和"决定论"、"离散"和"连续"、"人类"和"非人类"。在众多的矛盾对立中，矛盾的双方都具有无可比拟的重要性。这是我们无法予以分割的矛盾，但我们的理性却无法赋予它们任何"具体"的实在性。因此，我们不得不承认它们根本性的作用，因而承认它们是一种本质性的存在。但是我们发现，我们很难去定义它们，所能做的不过是同义反复的戏谑。人类就是人类，统一性就是统一性。同样地，从这些概念本身来探讨这些概念，我们从未能有任何显著的进展。

3. 诸问题

不为我们所获的，即是问题所在。这并不意味着这个逃离我们的猎物不具有实在性。否则，它如何能够逃离我们？我们不敢断言或是证实任何事情。我们被迫去提出问题。我们被迫去阐述悖论。任何断言都要化为条件句式，经受卡夫丁峡谷（Caudine Forks）①的考验。这种形式化必然会涉及环境、规范、限定条件、必然的简化、次优的选择。我们必须掌握它们的性质。我们将不得不迈上一条我们充分了解的道路，我们深知，这只是真理的一端，尽管这也可能是真理的尽头，某种现实的可逆性只有在我们知道它是无意义时才有意义。"无条件"者可被断言却不能被证实；"有条件"者可被证实，却不能被断言。

因此，我们从前面两个意义自然衍生出"问题化"的第三

---

① "卡夫丁峡谷"，说的是古罗马史公元前321年的战役，当时古罗马帝国与另一个意大利部落萨姆尼特人进行第二次战争。萨姆尼特人的领袖盖乌斯·庞蒂斯想出一条妙计，叫10个士兵打扮成牧羊人，谎称萨姆尼特人正在围攻意大利另一个部落卢塞拉，而罗马指挥官竟深信不疑，且愿意向卢塞拉伸出援手，跟随牧羊人走到一个叫卡夫丁峡谷的地方，据说这是捷径。这个卡夫丁峡谷里一共有两条狭窄小路，罗马军队从第一条狭路进入第二条狭路，走到尽头才发现，去路被一道用石头和树木组成的墙堵死了。于是他们撤回峡谷，但峡谷早被萨姆尼特人守住，罗马军队已被重重围困，没有逃跑机会，只好投降。"卡夫丁峡谷"的诱因是古罗马军队求快，想走捷径，结果反而堕入敌人的陷阱。后来，人们就以"卡夫丁峡谷"来比喻灾难性的历史经历，它更成为耻辱的代名词。又引申为人们在谋求发展时遇到的极大困难和挑战。——译者注

个意义。在"可疑"和"非假设性"之后,"问题化"是由一个特定情况或假设提出的诸问题。诸问题可以很好地被归纳为一个特定的问题,该问题被认为是更基本的,把握了有关情况的大致样貌。它也可能是由一个特定的问题衍生出来的几个子问题的集合,这些子问题被称为第一个问题的可疑问题,或由第一个问题支撑。当然,"问题化"这个词以某种方式来说可被"疑问"所取代。在某种程度上,诸多问题都可以用一个疑问概括,对理性构成质疑的问题,如悖论,也可以被置换为一个疑问。但所有的这些都被简化至"形式"上时,形式上的疑问似乎并未被剥夺实质。统一性和多元性之间的分野并不是琐碎而不重要的,即使它实质是形式上的问题。断言(无论它是假设还是悖论)和疑问之间的区分也相当重要,但目前对我们来说,最紧迫的并非在这个战场开始战斗。

4. 恢复疑问

此时此刻我们希望展开探讨的重点是一个严重干扰哲学工作的假设,因为,它总是导致我们怀疑见解、习惯或信念,它与质疑的内在价值有关。对于议题的地位及其对议题地位的影响,人们总是持有偏见。在日常的思考中,疑问是种疾病,只能通过回答来医治。没有解答的疑问就像是没有握柄的铁锤或是没有舵桨的船——你对它们只能摇头叹气、束手无策。更糟的是，疑问本身困扰我们，为难我们，使我们无法入睡。它是一个问题，是道路上的绊脚石，是个障碍，拖慢我们的速度，阻碍我们前进。尽管我们可以将问题看成一种挑战，就像预期之外发生的突发事件，这可能激发我们或让我们保持清醒，但是，问题的负面意义更为人所知：它反对我们的意志，反对我们的理性，反对我们的行动，反对我们的决心。疑问就像一个洞、一个缺口、一种不确定性，它明确指向我们的局限。

若我们对这种态度表示惊讶，则多少显得无情。将疑问视为我们希望尽快摆脱的一个问题是最正当的本能反应。我们想要分析和批判的正是这种正当性。因为如果将要探讨的观点没有任何正当性，对它的剖析便没有价值。只有真实的东西才值得我们去证明它是否虚假。而虚假的东西既无实质，也无用处，因此，它没有存在的本质，我们也就没有探讨的理由。

人类是物质性的。人类存在，并具有形体。正因为如此，人类是一个有需求、痛苦和热情的存在。一个人希望维持他的存在，为了维持他的存在，他必须面对和超越对他而言是障碍的东西，他必须超越自己的极限、受到的限制和自身的脆弱。如果他不知道自身的脆弱，不知道他需要什么东西来维持他的存在——这真是荒谬，除非受到阻力，维持存在不需要理由。

若非如此，人类根本无须担心其他东西，无须担心他人，无须担心敌对的东西。没有东西可以妨碍他，因为他察觉不到其他东西的存在。

面对这种欠缺和不愉快的情况，最重要的是去解决问题，只有去解决问题才能理解、做出选择和行动，扼要地说，要不惜一切代价做出决定。在这里，我们看到自由意志的角色是多么重要，因为若没有"不确定性""怀疑""疑问"，就不可能有自由，而只有盲目的必要性。因此在我们的探讨中，让我们区分出两个时刻：做出选择之前的时刻——等待的时刻、反省的时刻、质询的时刻、不确定的时刻，以及做出选择之后的时刻——释怀的时刻、肯定的时刻、行动及部署的时刻。总而言之，我们决定忽略做出选择的时刻，因为它是简单且不可分割的瞬间，是典型的中断，我们不清楚它的性质，且它的作用是区分"此前"和"此后"。

5. 能力与行动

认为"此前"的重要性不如"此后"，这种诱惑是很强烈的，仿佛前面的事物只是在后继的事物中才能找到存在的理由。不断寻求满足是人类心灵的自然倾向，但在这之外，还有一种

第五章
哲学的能力之三——问题化

猜想诱发了功利主义的思想机制——它给了我什么？此外，还有一种模式，与第一种观点相关，但更具有哲学色彩，它解释了这种关于后继事物的偏见。这种模式大致上就是亚里士多德的模式，他认为"能力"与"行动"相对立，前者是做事的能力或才能，后者指做事这一行为；他指出行动更为重要，因为它是对能力的完成和实现。这种模式与柏拉图的模式是相反的，因为柏拉图认为能力本身具有价值，因为它代表了存在的一种初始形式或定义。从这个角度来看，行动的能力可以被看作具有富含本体论意义的重要地位，因为具体和确定的行动可能仅仅是无数行动中的一种，它们都源自行动的能力。尽管柏拉图通过"完美时机"的概念赋予行动某种活力和正当性——在适当的时刻，在及时的情况下，导致采取的行动是独一无二的，相对于其他行动是有价值的，因为这个行动知道如何处理世界的瞬息万变。

因此，问题化的价值在于它行动的能力，在于它赋予主体的自由。知道如何提出质疑，就是去提升存在，让自己变得自由，在充分了解事实的情况下采取行动。知道去询问真实的问题，就是去解放存在，使其摆脱确定性和即时性的重负。生命不再被设定成一种注定要满足自身需求的行动，而是从偶然性中获得自由的时刻，但它不是要逃避这种偶然性，而是要掌控它。东方哲学的"无为"思想完全符合这一愿景，就像潜伏在阴影中的老虎,准备一跃而起,朝向世界开放自我,以便更好地了解这个世界。但要与世界接触,要把握世界,关键却在于舍却所学,质疑我们思考的条件以及我们存在的条件。因此,我们有必要思考不可思考的事情,有必要选择不再视任何事情为理所当然的激进立场。不要妄想任何虚假的中立,也不要求助模糊和短暂的停止判断,而是要找出最根深蒂固、最无可争辩的前提条件,提出能够暂时中止断言的质问。通过这种不顾一切的方式来思考不能思考的事情,那些隐藏的假设将会出现,这些假设在以前被视为理所当然,以至于它们根本不能被表达出来。

6. 问题化与存在

我们的论点可以概括为,任何命题都可加以质疑:我们并没有得到任何东西;或者,任何命题都只是个猜想,我们赋予某个命题的意义或准确性只是我们依据特定立场达成的默认的、脆弱的、暂时的约定;或者,任何命题都是一种假设,在给定的情境和限制内操作和执行它的工作,而对情境、限制和可操作性,当然有必要加以界定和说明,以对已知的命题进行质疑。这种相当激进的偏见,目的是让我们深入反思,超越简单的理论主张和简单的学术活动,它预先在任何思想中播下怀疑的种子。这似乎有些过分了,有人可能会指责它为相对主义、无差别论、消极主义或犬儒主义铺平了道路。这种指责并不是全然没有根据的,就像任何态度若是被推到极端,或经过简单地歪曲变形,必然会导致某种形式的滥用或僵化。

基于这个原因,理解问题化和存在之间的联系有助于我们进一步思考。让我们假定存在是一种承诺形式,是对事物的承诺、对社会的承诺、对他人的承诺、对自己的承诺、对时间的承诺、对先验原则的承诺,等等。从这层意义来说,问题化是一种解除承诺的形式,它通过推测和抽象引导我们在思考中"置身事外",这具有关键的意义。因此,人们可以理解为什么它被视为对存在的一种屈从或背叛,为什么任何辩证的尝试都倾向于根据情况产生某种出于生存本能的抵抗。

然而,一旦说到这一点,我们也必须同意柏拉图的看法——不知如何审思的存在,无疑有某种严重的缺陷。那么,究竟自我意识是什么?做出重大决定之前,我们应当审慎思考,这又意味着什么?问题化不是明明白白的自由,而是选择自由,保护我们免受我们的教育、社会、即时性和效用等条件的限制。换句话说,如果问题化背叛了关于存在的承诺,那么这种背叛难道不是对人类存在的另一个维度(即"意识")的一种必要的衡量标准吗?在这里,我们可以看见意识确实是一种抑制剂——是对行动、欲望、意志和自我的抑制。例如,有些人会说意识的工作抑制了爱的状态。如果没有这种抑制剂的破坏作用，如何形成精神生活不可或缺的紧张感呢？而且，就像任何否定的工作一样，如果放任自流，便可能引发存在的病态的毁灭。但是，没有任何工具本身就是完美的保证。

7. 问题化的技巧

要进行质疑，必须寻找反对意见或问题，以显示初始命题的局限或缺点，从而消除、修改或补充它们。这项技巧的前提是任何陈述都存在一些问题，关键在于把任何论点仅仅看成可能的假设，而不是绝对或必然的。要批判性思考，必须分析对方所说的内容，以验证论点是否有效，并看看它如何是错误的、有限的或不必要的。重点不在于发明问题，而是阐述一个问题，无须解决它。必须能够在采取一种视角的同时也看到它的对立面，如此才能检验一个假设，并进一步构建和阐释这个假设。为了实现这种设想，我们可以提一些基础性的问题，例如，"什么时候这个命题会是错误的？""这个命题有什么局限吗？""在什么条件下，这个命题才是正确的呢？"

问题化有两种不同的情境，在某种程度上改变了解决问题这种行为的意义或目的。对于一个明确的断言，进行质疑意味着将句子从它确定的、绝对的、必然的状态中抽离出来。在这种情况下，询问"为什么"并不是问题化，因为它只是询问这个状态的原因。这并未扰乱预设，或者可能只是纯然意外地打破了预设。质疑必然会"解构"或"打破"这个句子的基础。

例如，让我们假设一个初始的句子："我们必须始终依据道德价值行事"。如果有人问"为什么我们必须始终按道德价值行事"，则被问者会解释和证明自己的立场，这个立场可能是非常连贯的，本身也不会造成任何问题。但是如果有人问他"道德价值是否可能互相对立"，则从逻辑上来说，答案应该是"是"，因为根据常识和经验，各种道德价值相当不同。于是被问者就面临一个问题。因为按照某种道德价值行事可能会经常违反另一种道德价值，因为这两种道德价值的内容存在对立。此外，原本是明显且不容置疑的问题现在俨然成为一个问题，因为在肯定某件事情时，我们也肯定了矛盾或对立的东西。

若是在生活、故事或一段完整的文字中，问题化则会改变它的形式、功能或性质。因为在一个明确的句子中，它就其自身而言并不预先存在一个问题，只是一个绝对或规定性的描述性句子而已。因此，问题化必然完全来自之后的问题。当我们处理一段叙述时，无论该叙述是捏造还是跟生活中的事件有关，并没有什么东西是明确的。从某种意义来说，我们可以说所有的事情都有明确的或隐含的问题。因此，问题化的作用不再是把问题和"外部世界"联系起来,而是强调它,揭示它,阐明它,展示它。因为,我们可以说生活和历史在内容上没有明确的预设,但是关于它们的解读必然是主观的。尽管我们无法解构并非真实存在的东西,但是,我们可以让隐含在一系列事件中的问题,或隐含在我们经验中的问题变得清晰可见。在这样的情况下,问题化不再意味着揭示不可能的和必然的东西,以便对其进行质疑,而是使隐含的问题变得明确,或者从具体的情况中,以概念化的方式,使一个普遍的问题变得抽象。对于后一种情况,我们会发现更多的问题都能发挥问题化的作用。例如,"为什么"这个问题可能会对一段叙述构成质疑,引起讨论和思考,但对于一个判断来说却不是这样。同理适用完整的文本,因为它也具有复杂性。

例如,如果我询问"为什么人们常常引用权威呢",这个问题质疑社会中的生活,我不得不面对各种不同性质的可能性。一方面,我可能认为因为我们不能自己创造所有的知识,因此我们必须引用专家或书籍的话;另一方面,我可能批评这样的一个立场,说明人们是因为恐惧或不安,才不敢自己做判断。所以这个问题对我们生活中的行为构成了质疑。但是,这并不意味着所有的事情都是有问题的。

如果我询问"法国的首都是哪里",这似乎不会产生质疑,因为它可能会被明确地回答,且不会引起怀疑或争论。但是,我们可以确定的是，相较于概念化的情境，叙述的情境中存在更多能够构成问题化的问题，尤其是当文本很短的时候。因此，相较于质疑生活或历史，去质疑一个句子更加困难、苛刻且更加受限。如果没有规定的框架，为了确定一个问题是否能构成问题化，我们可以认为该问题涉及存在、知识或任何可以想到的情境的总和。换句话说，如果没有上下文或情境，问题就不受限制，因此可能涉及我们能想到的一切。

8. 问题化、概念与辩证

进行质疑不单是一种否定的操作。这不仅仅是怀疑或出于焦虑的坦白，这也是一种创造行为，是概念的创造。的确，如何在不产生概念的情况下进行质疑呢？这看起来几乎是不可能的。任何没有出现概念的问题化都只是一种疑问的表达或暂停判断，它本身并不是无用的，但只是过程的第一步。允许产生新的想法的心态是一个必要但不充分的条件。

为了举例说明，让我们提出下列陈述：人类可以自由地依照自己的意愿行事。现在假设我想对这个命题进行质疑，一个简单的疑问可能是：人类是否始终可以依照自己的意愿行事？虽然不够充分，但这句话本身就是一个问题化的尝试——它要求验证命题的普遍性。但是，要进一步推进这个过程，则有必要提出一些概念。让我们看看一些例子。意识：我能意识到我自己的欲望吗？环境：欲望是环境的产物吗？存在：我们的欲望是否与我们的存在一致？意志：意志必须让步给欲望吗？换句话说，要质疑我们的命题，我们必须引入新的概念，作为调查和验证的工具。由此我们甚至可以假设问题化是一个命题和一个新概念之间的关系，或者是一个概念为给定的命题带来的一道曙光。

尽管这种否定或质问的偏好，在任何时候都会遭受批判，但正是通过质疑，辩证的过程发生了。现在是时候来研究肯定或否定的条件以调查初始命题的出现和性质了。通过初始命题的外部概念，即我们称为"新概念"的外部概念，可以进行深化的工作，显示出它许多的意义——意义的转变、意义的倒转以及有关命题的无意义。我们将在接下来探讨辩证的时候看到这一点。

作为本章的结论，我们主张问题化原则有其悲剧层面，如哲学史所显示的那样。例如柏拉图以"弑亲"来描述自己最初的姿态。他颠倒了巴门尼德著名的"同义反复"："存在是存在，不存在是不存在"，借以说明"不存在也是一种存在"。苏格拉底非常擅长辩证的方法，作为他的学生，柏拉图用质疑现实的方式来回应前人的"确定"结论。例如"善"这个最高的真实所在。柏拉图将虚拟的和潜在可能的东西设想为原初的现实，它们构成了眼前的现实世界的合理性的基础。这并未妨碍他在后来的著作中提出某些更具教条色彩的观点。他的学生亚里士多德也完成了自己的背叛,回归真实存在及已取得的概念。让我们再看另一个例子:康德的"哥白尼式逆转",它为世界观做出了重大的突破——处于知识中心的不再是客体,而是主体。本体论突然让位给认识论。超越是思想的超越,不再是存在的超越。

因此,关键在于以一种扰乱和颠覆的方式去处理思想的范式、思想可行性的条件和相关的结构原则以及思想的基础。我们搜寻思想的局限、反例及例外,来推导出新的原则从而扭转局面。不仅在底层逻辑上,也在思想形式上进行改变。因此,尼采批评苏格拉底式提问的费力和简陋,他较偏爱那些慷慨、高贵的格言,可以便捷地提供给那些愿意接受的人。从这位作者那里人们也可获得一个重要的问题化概念——重估价值。尼采在道德领域使用它,以恢复价值的自然秩序。根据尼采的说法,基督教扭曲了价值的自然秩序,这个"怜悯的宗教"通过表彰弱者、谴责强者而违背了生命的基本原则。在这里,也必须执行"哥白尼式逆转",转变词语的含义。因此,正面的东西变为负面的,负面的东西变为正面的。但是,如果这种"重估价值"可以在一个方向上进行,那么也可以在另一个方向上进行。但尼采不是黑格尔。对于前者来说,重估价值是单向的,这与后者的辩证原则相反。尽管如此,这个概念依然存在,在思想的编年史上具有重要意义,因为,"重估"一词揭示了我们转变概念含义的能力,这就不可磨灭地显示出思想的力量。

第六章
哲学的能力之四——辩证

许多常见的哲学术语让人觉得什么都说了但又好像什么都没说,我们继"概念"和"问题化"之后,还有第三个相当有趣的术语:辩证。

一个含义暧昧不明的术语,刚好可以用来证明论证的精确性,另一方面,我们也可以检讨这个词语模糊或复杂的本质。

从哲学的"开端"来看,对柏拉图来说,辩证这个词语具有重要的意义:它是唯一胜过几何学的知识模式,是通往真理和神圣的最佳手段。这个术语相当古老,这使得它现今十分常见,并略显僵化。

更具体地说,认识到关于辩证的两个主要陷阱,可以让我们更好地理解这个问题。其中一个陷阱是希望让思想逻辑化、条理化的诱惑,因此形成了一种"教条主义"——以真理或科学作为借口,拒绝质疑它自己的条件预设;另一个陷阱则是把不同的思想统统融合在一起的诱惑,抱着"一切皆在万物之中,反之亦然"的想法,最近很流行用"互补性"来解释事情,就是刻意地忽视或驳斥了矛盾的概念。

为了澄清我们的观点，我们将用以下的定义作为讨论"辩证"的出发点：它是一种思考的过程，通过选取明显矛盾的命题，以这些矛盾作为基础提出新的命题。这些新的命题有可能减少、解决或解释最初的矛盾。

从词源的层面来说，辩证（dialectic）只不过是门"讨论的艺术"——在希腊语中，"dia"系指一个东西和另一个东西在一起，或是一个东西"通过"另一个东西，而"legein"指的是"发言"。

"讨论的艺术"怎么变成了"处理对立的艺术"？当问题得到清晰的表述，我们往往更容易找到答案。事实上，讨论的主要特点，不就是一开始的差异越来越激烈最后变成对立吗？ 是词语与词语之间的对立、预设与预设之间的对立、判断与选择之间的对立、主张与主张之间的对立。柏拉图认为，即使在自己跟自己对话的沉默独白（也就是思维本身）中，心智也通过对立与冲突进行运作。

正是通过矛盾，才从这个名词（或动词）"legein（发言）"之中，出现了"逻各斯"和"理性"的概念。

1. 赫拉克利特

在后面的章节中，我们还会返回现代的哲学趋势，现代哲学趋势虽然不是病理学，不会像治病那样极力去排除、压制那些对立或矛盾的观念，但也会把冲突或矛盾解释成"意见的多样性"。

可能对我们的读者来说，充满争议且戏剧性的观点，会对思考造成障碍，因此我们建议暂时搁置这些名词的负面含义，用比较舒适的方式来探讨我们的思路。赫拉克利特、巴门尼德与毕达哥拉斯都对柏拉图的思想造成了重要影响。关于赫拉克利特，我们现在可以看到以下的断简残篇：

"斗争是万物之父，万物之王。"

"世界是富有张力的和谐，在拉紧和舒展之间反复，就像弦和弓一样。"

"不认同是一种认同形式。"

亚里士多德指出："赫拉克利特指责诗人写出以下的诗句：但愿众神与人类之间的冲突消弭。因为，如果没有高低音，就没有和谐，如果没有女性和男性，就没有生命。无论是高低音，还是女性和男性，都是相对立的。"

"万物都因不和谐而产生。"因此，如果我们不排除"统一性"的存在，那么，通过对立和矛盾的张力，通过世界和灵魂生命的冲突，我们便能发现这种统一性。因为它正是通过这些冲突和矛盾来表达自己的。

让我们借助下面这两个说法来进一步探讨"个体"对"统一性"非常有限的触及："无形的和谐比可见的和谐更美丽。""从未听过逻各斯的人，和第一次听到逻各斯的人，都不会明白逻各斯。"因此，人类要在理性上花的力气是无止境的，不但要试图了解万物的连贯性、一致性，还要试着了解理性自身的存在，此外现实存在的矛盾对立与非连贯性，也会不断地和理性发生冲突。

为了显示这位爱菲斯的思想家的思想和行为之间的一致性，第欧根尼·拉尔修这位研究古代哲学的古代历史学家，对赫拉克利特如此描述："他现身在那里，宛如一只爱吹牛的鸟，侮辱公众，说话成谜。"显然，"冲突"是这位被称作"隐晦者"的本质。

2. 柏拉图

苏格拉底被处死这件事，并非只是一个传奇故事，它实际上揭示出辩证具体运作的风险及其哲学功能——以悲剧的姿态，开始了所谓的"西方哲学"。

事实上，苏格拉底经常通过向他的同胞们提问，让人觉得倍受侮辱。除了一小群朋友和门徒，大多数人都误解了他，不理会他，甚至憎恶他。这种实践意味着什么？他质疑那些声称拥有知识的人的言辞，无论对话的主题是什么，苏格拉底总是希望检验他们的知识，帮助他们意识到那些知识的局限。

为了让人去自己发现知识，他也对那些不知道答案的人提问。他使用冲突与对立来进行这些提问，让提问发挥特殊的作用。

提问的目的，是引导或促使对方提出一些新命题或新概念，与对方原先的观点构成一定的冲突和对立——这就是提问和"精神助产术"的功能。

要克服这些思考的障碍，必须要先放弃那些会带人走进死胡同的初始假设。这会帮助我们产生新的假设来把问题想明白，或者至少能够开始思考。这个练习的隐含前提是：任何一个假设、命题或概念，一开始都是有限的、不确定的。所有的对话在开始时都只能进行猜测和假设，并且这些猜想或假设，只能在明确界定的范围内运作。

命题只要够真实，人们就会发现命题总是有限的，它存在无法发挥作用、无法做出决定的时候，因为除了纯粹的惯例之外，能通过定义而被阐述的"绝对真理"并不存在。

想要触及真理，就需要超越普通的见解，此外还需要超越一般会被认为"正确"或"博学"的见解，这迫使我们放弃所有确定性，放弃视为理所当然的一切，进入"无知"的状态。

要接受语言及"存在"原来如此脆弱，是一件痛苦的事，是一种全然的否定，尽管这有些"忘恩负义"，但是我们也因此变得更加自由。

通过提出反对意见和质疑，辩证帮助我们进入一段神秘的路程，让我们得以上升，接触到"存在""善"或以任何特定形式表现出来的"无限""绝对"之物。

在柏拉图的对话中，诡辩家和其他人对苏格拉底提出三项指控：

"你把我的话撕成碎片，你对我的言论断章取义。"

"你害我说出不是我本意的话。"

"你根本希望我是错的。"

这三个指控确切地反映出了苏格拉底式的哲学实践在历史和现实中的实际情况。事实上，当提问要求解释一个特定词语的实际含义时，就会时常造成这类具体的抵制。

同时，这三项指控，也清晰地体现出苏格拉底辩证法的风险。要找到一种言论的疑点，就必须把这种言论"剪成碎片"。为了使作者发现自己的预设立场以及自己说话的后果，或是一个不想要被自己或别人发现的论点，就必须"让一个人说出他不想说的话"。要强迫一个人放弃和超越他原本的观点，这通常不会太愉快，所以才会令人觉得"提问的人根本希望我是错的"。

在这里，我们可以看到辩证非常容易挑起冲突，尤其是当辩证剥夺了说话者一切提供"自我安慰"和"自我确认"的想法之后。被质疑的说话者，会觉得自己孤孤单单站于天地之间，亲眼看着自己的思想在自己面前逐渐崩解，自己的存在如此短暂，而自己的短暂存在，根本无法体会关于存在的重要道理，个体的灵魂正受到引导，将要回归到神圣的火焰之中。①

要认识自己，就必须重新发现本原和整体，在这个基准上，我们当前的存在根本微不足道。

3. 犬儒主义

在希腊化时期，除了柏拉图主义以外，还有一个不太为人所知的苏格拉底派系——犬儒学派。

相较于其他哲学流派，犬儒学派较不为人所知，因为他们在西方哲学史上根基不深。除了蒙田、拉伯雷、帕斯卡、伏尔泰、尼采等少数几位继承者外，他们在很大程度上被忽视了，更严重的是，他们遭受了许多误解。

---

① 赫拉克利特认为世界是一团永恒燃烧的活火。——编者注

尽管他们是激进或反智主义的，但我们在谈辩证的时候，就需要提及他们，因为他们企图批判或推翻他们那个时代的主流价值观：人们可以借由犬儒学派，发现辩证"颠覆"的本质——"只说真话（parrhesia）"的原则。parrhesia 这个词在古希腊语里指的是一种真诚的态度、一种强烈而坦率的说话风格、一种坚定的保证，简明、激进，不受任何阻碍。

这个学派的思想容易被贴上"虚无主义"之类的令人不舒服的标签，这掩盖或模糊了犬儒学派的真面目。犬儒学派在精神上其实较接近东方禅宗的思想而非西方哲学文化传统。

我们在这里要做的并不是讲述哲学的历史，而是阐明辩证的本质，所以让我们来看看犬儒学派这个哲学流派的一些主要特点。这个流派的公认创始人安提西尼公然蔑视社会承认和接受的一切惯例、见解或价值。有些人认为这种蔑视是一种随意的拒绝，其实并非如此。他的蔑视是为了真理、正直和真实。当然，这种极端的思想，往往让言论和态度散发出某种激进的色彩，摆出挑衅的姿态。

虽然因人而异，但对犬儒学派来说，美德在于不要学习不好的东西，尤其是那些与社会组织、传统、权威、财富和惯例有关的坏东西，这是一种从未讨人喜欢的"归零（unlearn，抛弃所知所学）"。

为此，犬儒学派往往是不关心政治的、不合群的、没有国籍的。他们认为人通过某些方面的禁欲，可以通向幸福和真理。犬儒学派崇尚个体的品质：意志、自由、忍耐、自我控制，尤其是对欲望和激情的掌控，因此，它并不尊重懦弱的行为，尽管这被认为是友善和温顺。犬儒学派的支持者不相信华丽的言辞和知识，而是偏好行动，往往是暴力的，会导致冲突。

"不妥协"可以说是犬儒学派最重要的、固定不变的教育原则，主要教育工具则是"惊讶""反讽"及"象征性的姿态"。犬儒主义一般不会解释词语、扩充意义，而是会通过一个独特的句子或一种强有力的姿态来吸引对话者。它批判把知识传遍整个世界的思想家的刻板步伐和严肃的话语——思想家总是把"自然"和"文化"当作对立的两方，这必然是错误的。

犬儒学派的人不争辩，他们直接抨击。

犬儒主义者往往是令人头疼和无法忍受的，通常会变成一个边缘人，被认为是无政府主义者。犬儒主义最著名的人物是狄奥根尼，柏拉图称他是"发疯的苏格拉底"。对此，狄奥根尼回答柏拉图："苏格拉底已经践行哲学那么久了，别人却对他视若无睹，所以那有什么用呢？"

狄奥根尼曾经表现出对同胞的蔑视，他手里拿着一盏灯，对那些想听他说话的人只是视若无睹地说："我正在寻找一个人。"当无坚不摧的伟大胜利者亚历山大特别来拜见狄奥根尼时，他竟然只是厌烦地对站在他面前的亚历山大说："别挡住我的太阳！"

幽默是犬儒学派的主要武器，它使我们能够接近存在的可笑本质。

4. 禅宗

为了探讨辩证精神的一个非西方的例子，让我们简单讨论禅宗哲学，它特别提倡"对立性"和"真实性"的实践。它一开始起源于中国佛教，然后流传到日本。

禅宗具有若干特点：直截了当、激进，并且强调与身体活动的关系。禅宗（Zen）的英文是"禅"这个汉字的日语发音，意思是"寂静的沉思"。这特别指两千五百年前佛陀在印度的菩提树下顿悟时的姿态。正如冥想的英文 meditation 是从 medium 这个词演变而来，这个词同时涵盖了"中心""空间"和"调解"三个概念，这个词的概念建立在"找到中心"的原则上，为了更好的表现而将自己放置在中间的位置。

比如禅宗公案的第一个故事"拈花一笑"，就是说有一次大梵天王在灵鹫山上请释迦牟尼说法。大梵天王率众人把一朵金婆罗花献给佛陀，隆重行礼之后大家退坐一旁，佛陀拈起一朵金婆罗花，意态安详，却一句话也不说。大家都不明白他的意思，面面相觑，唯有摩诃迦叶轻轻一笑。佛陀当即宣布把佛法传给摩诃迦叶，这种佛法其实是一种至为祥和、宁静、安闲、美妙的心境。

佛陀的态度是一种对现实完全关注的态度，这也是禅宗实践的核心态度。它超越言语、推测和习惯性言论，目的是碰触现实。即使佛教教义和佛经的知识也是相对化的，"意会"（意识的体验）的位阶要远远高于"言传"（知识）。"见佛杀佛"是另一则显示这个哲学激进色彩的训诫。

禅的三大支柱是禅定、智慧和纪律。这种实践也可以帮助我们生活。按照《妙法莲华经》所说，这是在帮助我们解决"生死大事"的问题。

禅是大乘佛教传统的一部分，揭示每个存在就其自身都具有受到启蒙、得到救赎的充分条件。"万物皆有佛性"，《涅槃经》里这么说。从禅的角度来说，"意识"构成了所有现实的全体，因此，要认识自我意识的真正本质，才能悟道。而觉醒本身并不是目的。

一些修行者从公案切入这些荒谬的故事或自相矛盾的短语，通过造成"认知上的不协调"，让修行者脱离他精神的惯常状态，以获得证悟。修行者必须通过荒谬性来参透"空"，这样才能让自我变小，不再以自我为中心，从强烈的占有欲和追求确定性的渴望中摆脱出来，因而得以解脱，变成完美光滑的平面，像镜子一样反映现实。

要了解禅的哲学，重要的一点是必须知道它不是一种教义，而是对自我的了解，与自我解脱有关。"习佛就是了解自己。要了解自己，必须忘记自己。"你到云深不知处的山顶上追寻到的禅，其实是你自己一直带在身边的禅，其余的只是各种情境和仪轨。和苏格拉底的"认识你自己"相比，主体和存在的湮灭，在禅宗这里更加彻底。

5. 逆转与转换

为什么要探讨哲学的这一小段历史？因为辩证是哲学家的核心，以对立和矛盾为能量的来源，以推翻思想。以宗教传统的术语，这称之为"改宗"，指的是放弃一种宗教或宗派，皈依到另一种宗教或宗派。

我们当然可以从继承和连续性的角度来分析哲学的历史，但是从否定、断裂和不连续性的角度来探讨哲学的历史，也同样有效，甚至更加丰富。

亚里士多德就直接反对柏拉图的理念论，认为物质先于理念。

笛卡尔面对经院学派，也拒绝了先验的权威，提出人必须

"自己思考"。

康德使形而上学脱离了原本的理论基础,将其转化为一个思考的过程。

对黑格尔而言,哲学不是永恒的,哲学存在于历史的脉络之中。

谢林则在其他哲学家都把概念当作关键时,逆其道而行,重新思考叙述的问题。

对马克思来说,哲学不应再继续被用来分析世界,而是要被用来改造世界。

海德格尔则希望回到两千五百年前的古希腊哲学时代,重新找回"存在",而非限制在"存在者"。

如果思想史没有这些对立的声音,不是建构在这些伟大的矛盾上,那么哲学还有什么价值呢?①

康德的一个重要贡献,无疑是找出了几组最关键的对立概念:"有限"和"无限"、"离散"和"连续"、"有条件"和"无

---

① 比如说,两千五百年前柏拉图与巴门尼德对话,就提到"相"的根本对立。如果两个人的身高"相"似,面部特征却可能有很大的不同,这样的现象并不奇怪,"相似"和"不相似"的对立才是真正的问题。在现象本身的基础上,类似的人没有被确认发生在两件事情上,所以必然的组合不可避免地需要找到一个争论。由此苏格拉底提出了分离的方法,分离的个人事物,如"相似""不相似"两个不相互接触,同一件事可能同时有两个相位点,因此,"类似者复不类似"即可以解释。——译者注

条件",等等。在柏拉图与巴门尼德的对话后,康德的作品是旨在澄清哲学难题的主要尝试之一。

6. 没有什么是理所当然的

除哲学里常见的普遍性和矛盾之外,辩证还有一些更具体的特点。

无论是对是错,哲学家们会对他们认为正确和真实的观点选择跟前人或同时代的人站在同一个立场——严格来说,这不应该是问题。

但为了辩证,是不是我们就要先选边站,然后再来反对自己?

黑格尔所谓的否定工作,即对立和矛盾,对于辩证的操作来说,如果是绝对必要的,那么它本身似乎还缺少点什么。我们认为所有哲学上的对立,实际上就是在以辩证的方式对哲学的总体做出贡献。在某种程度上,这是黑格尔的观点。

为了处理这个问题,让我们介绍一下亚里士多德对辩证和分析的区分。

对于亚里士多德来说,分析处理的是确定的事情,而辩证则是处理仅仅可能的命题。

康德也认同逻辑辩证和逻辑分析之间的区分。

对于柏拉图来说,这种关于表象的区别并不怎么必要,因为对他来说,"确定性"在这个意义上并没有真正实现——反正所有的论述都只是一种推测而且不完美。

因此,似乎任何特定的哲学方法,都不能帮助我们辨别什么是与辩证有关的,什么是与辩证无关的。

尽管讨论辩证的差异已经促使人们不断重新定义辩证。但是正好相反——试图以某种方式去定义辩证这个事实,就决定了一个人是否在实践辩证。

从一开始,柏拉图和亚里士多德在根本上就不认同感性、感知的现实性、经验知识的价值。对于柏拉图和亚里士多德来说,感性和感知不值得我们信任——它们是虚幻的。但是对于相信感知和感性的人来说,它们保证了思想的有效性。

这是贯穿哲学史的最重要的分界线之一。柏拉图认为思考是一切真正知识的根源,但是康德提醒我们,思想本身并不能产生知识的客体。思考是有限的,依赖外在的经验。

康德这一立场有另外一个后果——思考和"确定性"的关系,将决定哲学到底是一门艺术还是一门科学。事实上,如果说科学有时自称提供可靠的知识,艺术则满足于产生美丽、实用或真实的东西,但不去声称对无可争辩的事实有表达和断言的权利。

这种"确定性"通常涉及两个主要的知识标准：关注事物的"经验"和关注思想的"逻辑、分析"。因此，康德和亚里士多德在理性的运作上已经建立了规则和原则，这些规则被他们认为是不可逾越和不可违反的。

对柏拉图和黑格尔来说，这些先验的限制和规则是没有意义的，因为辩证作为获得真理的特殊方式，是一个思想过程，必然一再穿透思考的主题，出入其间，辩证被设定为思想的目标，而非思想的前提假设。

换句话说，与逻辑相反，辩证并没有获得任何东西。

显然，逻辑运作的关键是"无矛盾"的原则。这个原则排除了用相同模式来思考一个事物及该事物的对立物。逻辑的基本原则并没有被辩证掩盖或彻底否定，换句话说，这限制是可以超越的。这个原则的超越，是辩证的一个关键——通过正反两方面的辩证，思想本身就倍增了，然后我们可以用这两倍的思想阐述和建构自己的观点。

辩证是一门艺术，还很有生产力，不但能够把规则变得明确，还能确认观点发展的规则，甚至辩证的方法也是其自身探讨的对象。

7. 辩证法

无论是基于已证明的功效，还是已确定的原则，辩证法都与科学不同，应该被视为一门"美学"，因为具有独特性和表现性，就像艺术品一样，尽管辩证法必须探讨普世的理性。

科学显然也宣称普世性，但两者的方式不尽相同。辩证法的核心之处，是一个反科学的流程，从多个单数开始而返回统一，这是柏拉图已经确定的一个流程。很自然地，这种统一无需假设来印证，是一个不能被表述的必要假设，因为它跨越甚至超越任何的表述——它有基础同时也没有基础。

因此，任何的矛盾、任何问题的阐述，都可以使我们达到更高层次的思想，一开始似乎是矛盾的两个东西，因为接触新的概念而能够收拢在一起。这个新概念就是黑格尔所谓的"合"，是辩证法的极致。

辩证法特别注重"可操作性"和"完成度"。既然要强调"完成度"，想法就不能停留在矛盾的阶段——辩证不能只被局限在否定上。所有观点上的紧张和分裂，都必须通过"辨识"本质以及达成"一致"的原则来解决，最终肯定新的观点并对其进行阐述。

但对于柏拉图来说，情况并非如此，困境、僵局、悖论本身并不是问题。此外，我们必须评估这些被提出来的问题本身，因为问题会产生不可或缺的紧张关系,为思想带来生命力和持续不断的活力。柏拉图说的这种是"开放"而不是"封闭"的辩证法。

对柏拉图来说,思想并不能因为得到一个概念或想法,因为有成果了就停下。思想并不是终结,也不能把任何具体的目标当成最终的目的,因为我们不能把理性当作"手段",而应该把理性当成一种"原因",而原因并不会受到"结果"的影响。

理性的结果就是理性本身,因为现实只是绝对理性的一种反映,当一个想法已经超越想法本身,就不能再称为想法了,因为它已经超越了自己。

无论是存在、整全,还是善,没有名称足以描述一切事物的"原因",只有理性才是首要的"原因"。

这种立场更偏向苏格拉底的思想,而非柏拉图的,也更接近东方思想,而不是以科学为导向、注重正确性和效用的西方传统。对于西方思想传统来说,"概念"为王,"定义"才是基础。因为在世俗和日常的现实中,如果思想不能肯定、没有边界,没有"确定性"的假设,即使只是暂时的,也几乎不能做出决定、进行具体的操作。

在这种西方思想中,只有能够引发有用的回答、解决方案或"综合",疑问和矛盾才是有意义的。从这个角度来看,难题会让我们产生许多不满的情绪,让我们难以忍受。我们的心不能接受一直保持在悬念的状态,至少它需要得到一个解释或一些话来抚慰它。

如果有人认为思考只是"对着一个困难的命题进行冥想",针对"我们的心智无法一眼就看明白一个完全不同的整体"这件事进行沉思,或者觉察自己对于"无法快速做出决定"无能为力,除此之外没有任何其他的作用,那么这种思考只能通过彻底的缺乏和虚无带给我们一种朦胧的美感,它是难以维持的。毕竟思考和艺术不同,不能只带来惊讶而没有别的。

8. 卡律布迪斯与斯库拉

如上所述,去进行"否定"似乎是辩证操作或辩证视角的本质。这很像是种特定的行动模式。因此,拒绝去进行"否定",就是践行辩证法的根本阻碍。我们在前面曾经提到,这种阻碍会以三种不同的方式出现。

这三种阻碍形式的第一种,是科学的阻碍。这种阻碍指的是人们很难长时间容忍"不确定性"和"悬置判断",因为科学需要明确的定义、程序、既定规则、既定逻辑和解决方法。柏拉图认为"正确的意见"是阻碍真理的知识。

第二种阻碍,是感性地把相互对立的不同立场和观点融合在一起，不愿意面对矛盾、冲突和对立，在这种心态之下，一切的规则、严谨的态度、要求，都被个人偏好、愿望、信念和万物有机统一的假设取代。黑格尔说，这种人未免太急着让自己登上神龛。

第三种阻碍，是零散、非连贯的思考方式。它预设每一种情况都是特殊的，不能忽视这些情况各自的独特性，不能混为一谈，应当尊重这些不可调和的差异。在这样的态度中，一个人会认为所有的对立都是不可避免的，也不可简化，对立因此变得多余而不必要。

如果辩证是去"否定"，那么它的精华就在于"不确定性"。因此，我们可以理解，为什么这个讨论是重要的。我们如何才能在自己的身上，找到完全不是自己的东西，帮助我们看到有如镜中镜里无穷无尽的"嵌套结构"？

一个人最好能够理解，苏格拉底为什么会着迷于去质疑所有的行动，因为通过提问才能够了解灵魂，看到哪条路才能帮助我们穿越"嵌套结构"。

毕竟，辩证不是辩论，辩论这门说话的艺术，比较类似于辩护，重点在于征服别人、说服对方，也就是想要证明自己是对的。但是辩证的重点不在于针对冲突的观点去进行辩论，也不是力量的展示，而是针对一个特定的观点，去质问、去检验、去掏空，穿透到基础，穿透到脆弱的结构，看清虚无的复杂性，清清楚楚地看到这个观点如何存在。

要逃避讨论，也有两种方式：第一种方式是把一个特定的立场或命题当成绝对的、无可争议的真理；第二种方式是仅仅积累不同观点，而不去面对这些不同观点的预设。

上述的第一种方式——"教条主义"和第二种方式——"相对主义"，组成了一个奇妙的组合，联手阻止辩证的发生。根据人们不同的性格、情况和思想潮流，它们暗中密谋掐死思想，湮没其对真理的追求。

因为真理的追求必须建立在一个前提上——必须要有"对立"的存在。在这个讨论中，我们提出了一个真正的难题：要如何才能思考一个事物，同时思考它的对立面？但是"意义"也正在这种表面上荒谬的行为中，才能浮现新意。

如果想做到这一点，我们必须要知道如何放弃牢牢咬在牙齿之间的猎物，并冒险让自己置身于不确定的阴影中。除非我们不再追求真理，选择把"差异"神圣化，否则，我们总要面对不确定性。

第七章
哲学的能力之五——直觉

1. 直觉的地位

任何一个在职的哲学教授，迟早都会面临这样一种独特的困境：直觉有多重要？

某些学生在辩证的学术练习上表现相当好，包括他们了解和习得课程的形式要素，并且提出论点，对自己提出的论点能够勇于用逻辑推翻，再形成新的问题，还能引用各种引文；但也有些学生，他们不是故意不好好学习，但是表现就是不那么好。这本身并不是问题，只是有些时候，第二类的某些学生比第一类学生在哲学学习中更容易受到启发，具有更好的创意和原创性。这时，哲学教授在面对这个问题时，难免觉得懊恼，仿佛有个思想警察入侵自己的良心，告诉自己有义务给第一类学生高分，而给第二类学生较低分。这是因为，与其他知识学科相比，在哲学教学中，方法重于内容。

2. 预设

一般来说人有种错觉，认为几乎所有的哲学或推理，都是建立在预设的基础上。

并不能单纯用这个说法来反对哲学家，认为哲学没有意义。但是这里有一个条件我们必须考虑进去：哲学家意识到了这一点。

毕竟，人类的活动牵涉到空间、时间和事物，我们的思想建构当然也是如此。除非我们忘记思想的建构本来就是武断的、局部的、有偏见的和片面的。想要把经验上的客体与主体拿掉，只剩下纯粹的理性、完全客观的理性，这只能说是一个非常有趣的幻想，或是一种有用的轮廓。只有在神话故事中，才会有英雄成功地坐在彩虹上。如果将此当作现实，才是令人怀疑的。

那么，哲学教学的预设是什么呢？当哲学的各种起源、风格、学派和众多的哲学观点存在许多分歧时，是否可能确定一个普遍且不可避免的锚点？如果存在这种不可避免的规定，当我们说"哲学教授是他课程的作者"时，表达的又是什么意思呢？

反过来说，如果没有一个明确的、共同的卡夫丁峡谷，借此学生可以判断他在学校里是否能学到东西，那么一个老师能不去思考应根据什么标准来评估学生吗？如果哲学不是一门摄取特定内容便能产生正确答案的学问（尽管认为它是的观点在任何情况下都不被排除在外），那么哲学思考的成功标准是什么？

长期以来，这是哲学教授们所面对的一个困难又混乱的问题。

虽然每个人都有自己的答案，有些人知道如何阐述这些问题，也能够提出自己的答案，但是哲学这门学术已经随着时间建立起各种不可挑战的制度，而且积重难返。还好有一位哲学家，在这个问题上，给我们留下了珍贵的遗产，他就是黑格尔。

3. 黑格尔

为了表达上的清晰，让我们用黑格尔常被引用的名言来阐述这个论点。

"不成系统的哲学就没有什么科学性。这种哲学又表达了一种主观意见，它的内容是完全偶然的。"（《逻辑学》）

"真理的真实形象就在于它的科学性——只有在概念中，真理才能找到它存在的要素。"（《精神现象学》）

"什么是理性？是真实的。什么是真实的？是理性的。"

(《法哲学原理》)

站在相反的立场上，黑格尔批评"浪漫主义"哲学，他提出对立的论点，拒绝承认它具有哲学地位，他这样总结道："如果真理存在于所谓的直觉中，或有时存在于对整全、宗教、存在等直接的认识中，那么，从这一点出发，真理与哲学表达所需要的概念形式是对立的。'整全'不应该被构想，而应该被感知和直接觉察：被表达和言说的不应是它的概念，而是它的感受和直觉。"他的结论是："那些浪漫主义者放弃了自我，沉溺在物质的无序骚动中，相信通过埋葬自我意识和放弃理解，就可以成为上帝的选民，上帝将在他们的睡眠中注入智慧，但在这种睡眠中，他们得到的和实际产生的只是个梦而已。"(《精神现象学》)

从浪漫主义哲学所产生的东西脱离了概念，因此并不是哲学上的救赎。

黑格尔时常贬抑的德国自然哲学家谢林，是这样回应黑格尔的理论的："对他（黑格尔）来说，上帝并不是概念，但概念是上帝……"(《近代哲学史》)。在黑格尔这位如兄弟般的敌人看来，"概念是上帝"是一种强烈的狂妄自大的心理，"这位哲学作者，吹嘘自己跟前人不同，绝对不可能有任何预设"（出处同上）。这样"吹嘘"的观点，很明显地，现在常常被人们采用。

为了指出这个观点的风险，让我们看一下黑格尔在对哲学终极的渴望中，提到"弑亲"概念。在黑格尔有关柏拉图的演讲中，其中有一个段落标题是"柏拉图思想中的神话形式和表现"，黑格尔说道："柏拉图对话的神话形式，是这些作品吸引人的元素，但却是误解的来源。柏拉图的对话，把这些神话当成最好的元素。神话的表现形式总是使用感性的方式和感性的形象来表达，但却不是用来思考的；它象征着思想上的无能，不知如何自给自足，不知怎样才足够充分。一方面来说，这种神话元素是受欢迎的意象，另一方面，明明只是表象，不是思想的东西，却被当作重心，这种用法会带来无可避免的风险。"

黑格尔把这个关系说得很清楚了：一种是表面上散漫、东拉西扯、实则充满力量的理性和概念，另一种则是脆弱的具体形象、主观感受和直觉。

哲学不是诗歌，因此真理和思想绝对是通过分析、综合、批判、逻辑和严谨的辩证才能够触及的。我们应该试着大胆检验黑格尔要我们采取的道路，来向他致敬。

4. 即时性

"直觉"一词通常指直接和即时性的知识，它避开任何过程，特别是推理。这个词来自拉丁文"intueri"，意思是"专心看""敬佩""考虑"。与"直觉"对立的"理性"衍生自"ratio"这个词，意思是"计算"，也就是"推理"的意思，是一个有意识的思想过程，在这个过程中，真理不是不证自明的。

首先，让我们仔细看看这组对立词汇的含义。正如我们所说的，最令人惊讶的是具有即时性的直觉和经过计算的理性之间的对立。乍看之下，对直觉来说，知识是被给予的，而对理性来说，知识则有待完成。从这个意义来说，理性呈现出"主动性"的外在表现，而直觉则是呈现出"被动性"的样貌。

要理解"被动（passivity）"这个词，最好去想想这个词的起源，它的起源与"热情（passion）"和"耐心（patience）"相同，都衍生自拉丁文"pati"，意思为忍受、容忍、承受、承认、允许。

但是意义本来就可以有不同的解读，我们既然可以用直觉"被动"、理性"主动"来理解他们的对立之处，我们也可以从另一个角度来理解直觉：直觉的"被动"说明有"忍受"存在，它是另一种"主动"的行动，和理性这个众人称赞的行动相比较，直觉同样是痛苦且值得称赞的，同样有能力创造和构建知识。

其实直觉的主要作用是心智和存在的"可及性"。直觉对我们心智和存在的触及，主要是采取某种态度的结果，而不是一种具体的行为，它更接近存在，而非行动，它更偏向自身，而非认知的对象。

这种说法大概会让理性和推理的辩护者感到震惊，似乎靠直觉的人什么都不用做，只需要懒洋洋地观察就够了，然后一切就水到渠成。他们也许想错了，因为要能使用直觉，就要让自己保持在高度"可及性"的状态，要保持这个状态并非全然不费工夫。

5. 沉思

　　有直觉就有沉思。因为，尽管直觉有明显"即时性"的特点，但它可以很好地镌刻时间。

　　直觉因为缺乏固定的程序和阶段，往往被视为缺乏时间连续性，只是一个片刻的时间点。但是如果没有连续且持续地沉思，直觉可能会太快消逝，因为心智很难有足够的时间去理解直觉的意义。

　　从理性拥护者的角度来看，沉思的价值是受到怀疑的，沉思被认为是浪费时间，因为沉思没有发展出什么成果。然而，人类历史上有很长的时代，认为沉思和哲思是一样好的，而沉思之所以好，正因为它是"无效的"。

　　从人文艺术的角度来看，艺术活动的实用性或行动本身，往往被视为是次要的，而沉思作为一种艺术活动，允许我们沉思形而上学的客体，沉思诸如真、善、美这些伟大的超验实体，这是多么高尚的精神活动啊！"因为，沉思这种活动本身是至高无上的；在我们的身体里面，精神占据了第一位；在知识之中，心智所拥抱的问题才是至高无上的。……此外，对沉思的爱是爱沉思的存在本身——沉思除其自身之外没有其他结果，但通过沉思的实际存在，甚至在行动之外，我们最后总是或多或少地得到重要的结果。"(《尼各马可伦理学》，亚里士多德）

"肉眼可见的世界，如同一段监狱中的旅程，监狱被火光照亮，这火光如同阳光。然而，当你走出监狱，上行到更高的世界，并对那个世界的奇观进行沉思，你必然将看到灵魂在可知世界的上升。……善的理念，人们很难看清它，只有认识到善的理念是一切美好事物的普遍原因，我们才能理解它。……善的理念分为真理和理智，如果一个人在私人生活或公共生活中想要表现得理智，便必须理解它。"(《理想国》，柏拉图）

因此，这可能是个"看"的问题。从这个观点出发，我们难道没有发现，推理成了有需要的人、劳动阶层的弱势者、无法直接感知事物真相的人或穷尽一生追求目标的人，他们主要的智力活动吗？难道我们没有发现？不同于推理的方式，柏拉图开创了一种神秘的理解方式，随后由神秘主义宗教传统继承。通过这种神秘的理解，他们希望回归到万物的本源和统一，并最终实现对"绝对之物"的"观看"。

还有，我们都想变得万能，变得无所不知。和直觉相比，推理只不过是次佳的选择——有些东西，学徒必须通过推理去分解和计算，但是大师通过直觉看一眼就知道，甚至无须思考即能够完成。

6. 直觉的评估

让我们思考另一个问题：直觉的客观价值及其普遍性。

推论的方法不会面临这样的问题，因为它遵循一定的程序，进入元思考[①]的领域，适用于各种不同的情形。

这一思考方法有别于在不知整体情形下的零碎摸索。

数学函数或哲学问题其实适用于同一个道理：它们在不同的数字、数值或观点之间，建立起适用通则的关系。它们建立联系并深化知识，理解现实。

如果这是"意识"的问题，那么技巧就是从我们不知道的东西中，辨认出我们已经知道的东西。比如要辨识一个特定的人，我就会意识到他的身份，一旦知道他的身份，就算我们第一次见面，我也等于早就认识他了；虽然我没有立即意识到，

---

① "元"（meta）可以理解为"在……之后"和"超越"，如元思考就是超越思考，对思考（这件事）进行讨论，探究思考的原理。——编者注

但我可能早就知道某些一开始我不知道的关于这个人的事。

化学分析提供了这样的分析程序，使我们能够辨识化合物的组成元素，通过推理的方式知道元素。其关键在于利用还原与合成，让我们原本以为我们不知道的东西，变成我们所知道的东西。

"发现"即学习和使用这些程序，这使我们可能触及另一个层次的知识，它们不是立即就可获得，但如我们先前提到的，程序也会造成思考的短路。换句话说，思考的程序，一旦变成了公式、概念或已确立的想法，有时就会把思想硬塞进没有任何物质的中空，使得无依无靠的思想变得令人难以理解，而不是帮助人提高思考的能力。

因此，我们应该把这些思考程序、概念和知识的符号从神座上拉下来。

康德警告我们不要陷入纯粹形式的危险："直觉和概念是我们所有知识的要素，因此概念若不能以某种方式呼应直觉，或直觉若缺乏概念，就无法提供知识。"(《纯粹理性批判》)

正式验证概念时，我们可以通过考察定义或相关论述，就像验证化学公式和数学函数的使用，但是我们能够在多大程度上来评估直觉？如何评估对方所"看到"的？或许只是因为他看见的东西跟我们不一样，于是我们就说他错了？

思考程序因为能够通过验证而能够清楚说明，也有明确的普遍性，但直觉却不是这样，直觉是相当直接且主观的。问题症结依然是"主观性是否与普遍性互相矛盾"。虽然这是亚里士多德之后的西方哲学的基调，但并不能说是全体意见一致。例如，丹麦哲学家克尔凯郭尔就是一个例外，在这个问题上他受到苏格拉底的启发，回归到主体："因为主观性是真理，在确定真理时，必然包含与客观性对立的（即主观性的）表达。"当然，黑格尔反对这种观点，因为主观性是偶然性的同义词，是仅夹带零碎和肤浅的真理。如前文所说，根据克尔凯郭尔的观点，如果真理不一定是举世皆准的，那我们如何客观评价它的内容呢？

7. 可及性

这里是哲学家或哲学老师们应该特别注意的地方，因为很少有人明确提到这个问题：倾听或可及性。

在没有任何正式的、可供辨认的思考程序的情况下，我们是否知道该如何辨认？在哲学中，一个人用来建立自己论点的一个基准是论证。学生是否能提供证据证明他知道自己在说什么，深化他的想法，以证明他所说的话是有理的？

学生往往不是在表达简单的个人意见，他的论证，仅是呼应"已知"的共同意见，即已经被重述了一千次的观点，但我们却认为这重述依然产生意义。

从典型的意义来说，好学生指的是会依照学习的东西、按照老师指示的程序来执行特定工作的学生，具有完全可预期的性质——好学生说出的"新"意义早就已经被知晓。但是，我们是否发现有些学生不安于严格的形式，不愿意遵照所教授的东西，但仍会展现出一定的创造力？"我们的学生不是天才！他们不是克尔凯郭尔也不是尼采"，教授大声说道，"否则早就被发掘了！"难道若要凭直觉，只能是出色的直觉？但是，当我们评估所使用的思考程序时，我们有要求这些思考程序要出色吗？毫无疑问，当然没有。

要辨认我们在学生身上植入的东西，似乎比发现学生论点中的奇特之处容易多了。老师之间的讨论很容易演变为激烈的争辩，这难道没有显示出老师们在自由度和独创性上的缺乏？

这种"可及性"的思想源自我们的哲学传统，存在于柏拉图及其他哲学家之中，柏拉图在他的著作《政治家篇》中，提到政治家的一个原则为把握绝佳时机，强调这个绝佳时机正是政治家与哲学家的主要区别。政治家如果不在乎把握绝佳时机，就会变得和哲学家一样，因为哲学家不会把握，这正是哲学家的弱点。

哲学家的盲点在哪里呢？在于倾听的能力。倾听内在之路的能力，就是直觉。因此，政治家必须具备洞察力，而且能发挥实效，正如马基雅维利后来的理论所说的，但这位这门艺术的伟大思想家经常遭受误解和谴责。在历史上较接近法国现代人的前法国总统戴高乐，是一位受到柏格森启发的行动者，他采取了类似的论点："然而，理智往往不能接受直觉发挥作用。……它踏实地运作，想要推断出已知常数的概念，然而，在每个特定情况下，理智必须由偶然和可变的事实诱发。应注意一点，这种趋势在法国人心中产生了独特的吸引力。好奇和理解，它需要逻辑，它喜欢通过推理来串联事实，和经验相比，它更准备依赖理论。"（《剑锋》，戴高乐）

诗人也是如此，诗人不关心证明、论证或解释他的直觉。问题依然是：哲学必须如笛卡尔所愿，以科学为模型吗？还是说哲学是门具有偶然性、主观性、独特性和创造性的艺术呢？

8. 实然的判断

康德在他的范畴表中提出了"判断思考功能"的三种形式：必然的、或然的和实然的。[①]

[①] 本书的 101 页也有所说明。——编者注

"必然的"指必要的，因为它具有证明的力量。

"或然的"重点在于可能性是能够被证明的，它以各种假设为条件。

"实然的"则是在没有条件的情况下依据事实进行的判断。

现在，让我们思考事实是什么？对于有实体的东西，判断不会有太大的争议，但是对于没有实体的思想对象，显然较容易在判断上产生不同意见，发生争议。然而，和判定物质实体的人相比，在思考领域做出判断的人，凭什么没有同样的权利去做出判断呢？

可以承认的一点是，"实然的判断"可能只看到表面，也可能使用了错误的证据，或是随随便便很容易得出，但它不也表达了一种思维在行动中的运作方式吗？

查拉图斯特拉[①]不正是企图赋予自己正当性、表现自己、证明自己吗？那么赫拉克利特的隐喻呢？或者其他的寓言故事呢？这无疑更多出现在东方哲学中，因为在东方（以禅宗公案作为代表），学生的要务不是去理解和重复老师所说、所表明的东西，而是必须要自己去发现、去理解，甚至必须解释和证明老师想要教他的东西。自然地，沉思在这里扮演了非常重要的角色。一个简短的句子中，通常就包含着一个悖论。对

---

① 查拉图斯特拉，尼采笔下人物。——编者注

此，学生要花时间打坐冥想，以便专注地进行思考。

笛卡尔拥护"哲学科学主义"的确定价值，也十分看重直觉的作用。笛卡尔说："第一原理直接产生的命题，是通过不同的方式获得的，有时是通过直觉，有时是通过推论；对于第一原理本身，它们只有凭直觉才能知道。"(《指导心灵的规则》)[①]。因此，直觉是根本所在！

这已经预示了，康德对处理概念与经验的"知性"以及处理第一原理的"理性"所做的区分。

当有所怀疑时，笛卡尔不也通过他那"一套临时的道德"，指示我们追求最初的直觉吗？[②]

不同的人感受到的各种各样的"第一原理"，难道不像证据

[①] 第一原理是哲学和逻辑名词，相当于数学中的公理，最早由亚里士多德提出，是一个最基本的命题或假设，不能被省略或删除，也不能被违反。——译者注

[②] 笛卡尔这"一套临时的道德"是这么说的："第一条就是遵守我国的法律和习俗，始终坚持我凭借着上帝的恩典而从小领受的宗教，在其他所有事情上都依据最温和以及最不极端的意见来管理自己，这些意见就是我周围的人中最明智之人通常在实践上会采纳的意见。我的第二条准则是在我的行动上尽我所能地坚定果断，一旦我采纳了某些意见，即便它们极为可疑，也要毫不动摇地遵循它们，就好像它们十分确定一样。我的第三条准则是永远试图掌控自己而非掌控命运，试图改变我的渴求而非改变世界的秩序。最后，为了结束这套道德规范，为了尝试找出最好的一种，我曾经决定检视人们在这一生中所从事的各种职业。我不想对他人的职业多说什么，我觉得我最好还是继续我所从事的职业，遵循我给自己定的那套方法，将我的一生致力于培养我的理性并且尽我所能地增长关于真理的知识。"——译者注

或证明那样,或多或少也存在着价值吗?

而且,我们真的知道如何判断呈现在我们面前的直觉吗?或者,我们只重视我们知道或我们喜欢的直觉?

比起直觉,很多人更重视形式,或是更强调事件的背景,我不会说这比直觉更有价值。

法国象征派诗人波德莱尔在有生之年不断生出各式各样的想法,但是否因为他从未建立一个系统,所以他就不够哲学?还是因为他没有在他的诗后面附上说明或参考资料?和知道如何引经据典和精确分析、并且对自己所发展出来的东西坚信不疑的学生相比,一个按照自己的想象来进行操作、对一个作者或一个问题或多或少都进行了沉思的学生,是否就不够哲学?显然,一切都取决于这位学生的老师,他作为一个人,作为一个老师,他在期待什么。

莱布尼茨对我们做了这样的描述:"我们的脑中会不自主地出现某些思想,部分来自外在,来自冲击我们感官的东西,部分来自内在,来自过去感觉所残留的印象(往往我们本身并没有意识到)……在这方面,我们是被动的,甚至当我们看到的时候,画面就像做梦一样来到我们面前,在我们没有召唤它的情况下……但我们的心感觉到属于它的一些画面,我们的心可能会说:停在那儿,让它停下来,让我说话。……"(《人类理解新论》)

因为我们无法理解这套思考流程，所以就说这不够哲学吗？难道我们不应该期待哲学家为我们提供有意义的澄清吗？难道有些图像不是比关于它们的解释更有意义吗？如果图像不经解释就没有意义，我们还应该产生图像、感受图像并为它们做见证吗？

9. 做选择

为了总结对直觉的反思，我们将请出席勒这位哲学家兼诗人，因为他试图将人类的两个基本本能——"感性"和"理性"放在重要的地位。对他来说，思想内有两种危险——蒙昧无知（savagery）和野蛮（barbarism）。①

蒙昧无知的人只听到自己当前的想法、情绪和欲望；野蛮的人则会去精心设计出有条理的体系，从事先验工作，给心灵套上枷锁。这两种人都很轻易地全盘接受他们认定的真理或绝

---

① 蒙昧无知，指的是人的原始状态。穴居人茹毛饮血，脸上涂着油彩，拿着长矛，喧哗着，你一矛，我一刺，血淋淋地杀死一头野猪，这种血腥的生活方式是无意识的，他们不知道这有什么残忍，这叫蒙昧无知。但是野蛮不同。野蛮是当你已经脱离钻木取火的原始时代，已经有了社会，有了统治者，而且懂得运用权力，却蓄意对无权的弱势者施以残暴，譬如中国古代的凌迟处死，今日的虐待小动物；阿富汗塔利班对通奸的女子施以掷石头的死刑，这就是野蛮。——译者注

对的思想。

"纯粹的感性"（如蒙昧）和"形式上的理性"（如野蛮），都会让心灵迷途，变得紧绷——在这两种情况下，它都会将自己和那些自认为不证自明的东西紧紧拴在一起。

但在我们这个作为哲学入门介绍的选集中，提供了各式各样的选择，你可以选择黑格尔及他的逻辑和概念，你也可以选择席勒的美学教育。在这个选集中，你还可以找到十八世纪末、十九世纪初德国哲学家雅各比所谓的"超感觉之感觉（dersinn für das uebersinnliche）"，也就是柏格森说的"直觉"的力量，也可以选择谢林的直接知识。批判概念的霸权地位的人如此之多，选择也很多，重要的是，你必须去做出选择。不妨挑一个你心目中最万能的科学模型……

第八章

提问的艺术

1. 老师的角色

如果我们只能挑选一个最重要的功能来总结哲学老师的角色，可以说这个功能就是向学生介绍哲学的提问艺术、哲学的基本原则和哲学思考的历史起源。

哲学是一种反思，是一种处理思想的方式。

哲学是文化的前身，而文化仅是哲学的产物。

哲学才是本质，文化只是手段。（虽然我们也可以轻松地断言相反的论点，将目的和手段逆转，说文化才是本质，而哲学只是手段。）

所有艺术的产生和发展都基于态度。

正如柏拉图所怀疑的，从绝对的观点来说，"态度"这种东西是不能教导的，同样的道理，哲学也是不能教导的。

但从另一方面来说,态度是可以被"发掘"出来的,人们可以意识到态度,甚至可以滋养态度。所以,我们同样也可以说,哲学方法是可以教导的。

态度的英文是"attitude",和"aptitude(天资)"同样衍生自拉丁文"agere",意思是"行动"——代表"性情"的态度和代表"能力"的天资,两者彼此紧密相连,也都与"行动"有关,态度和天资,都是行动的条件。

因此,仅当学生身上已展现出哲学的苗头时,我们才可自称是在教导哲学,正如有了美的体验,才可教导绘画和音乐。

亚里士多德的"白板学说"指出,尚未接受外界事物影响或刺激的心灵,最初都像一块没有任何印记的白板,一切符号和观念都来自后天的经验,可以用来填补知识的空白。在白板理论中,哲学的学习类似于信息的传播。这种对哲学的认识广为流传,已经成为一种约定俗成的观念了。

然而苏格拉底的"精神助产术"却有着不同的预设:每个人心中都存在着神圣的火花,无论火花是活跃的,还是需要被重新点燃,都必须依靠这神圣的火花才能走向哲学。

如果人们赞成百科全书派的观点,我们当然也可以认为哲学是"知识的总和"。

同样,我们也可以问自己,哲学究竟是一种有着特定历史地理背景的法典化的实践?还是属于人类与生俱来的共同本质?

这也是一个关于哲学起源的问题。

我们可以毫不在乎地自称自己无父无母,是大自然产生的吗?

天真的小孩可能只熟悉鸟儿唱歌和树丛里的草莓,但他们总能变得富有创意,理解许多概念,这难道是大自然的赠予吗?

为什么要否认我们的祖先留给我们的东西呢? 他们真的没有试图"教导"我们提问吗?如果没有的话,他们可能真的应该被锁在紧闭的地牢里。

2. 本质与文化

当我们把哲学概括为一门提问的艺术时,我们必须承认我们所依据的前提。

对我们来说,哲学是传承沿袭而来的,但是每个人根据自己不同的情况,在继承的基础上都会发展出不同的哲学能力。

在历史进程中,工具被发明创造出来,我们继承了这些工具,但是技术上的不断进步,并无法使人因此成为艺术家,同样,继承那些已经建立的哲学概念,也并不能使人成为哲学家。

作为历史遗产的"提问的艺术",是前人的心血,有利于哲学的出现,我们没有理由忽视。

第八章
提问的艺术

如果我们不同意把哲学当作百科全书和书本的知识看待，我们也不应该赞同哲学是"白板学说"，"它认为历史的丰厚资产有利于促成真正的、个人的思想"。在避免掉进这两个陷阱的同时，我们似乎有必要开辟一条道路，引导我们，也鼓励每位哲学老师不要忽视学生的能力和前人所留下来的东西。如果谴责填鸭式的哲学教育，谴责对伟大的抽象理论和虔诚的对话死记硬背，那么谴责根本没有哲思的哲学对话，似乎也是必要的。因为这类对话，企图以假乱真，营造出鲜活生动的表象，其实只是为了歌颂某一个特定个体或集体的思想，根本一文不值。

让我们探讨这个悖论：哲学的艺术或提问的艺术，究竟是"无知"的艺术，还是"渴望知道"的艺术？

陈述一段论述的提问，并不是真的提问。论述越多，质疑越少。

有太多这样的老师，假装询问学生一个问题，通过费力、紧张、沉重的提问，让学生眩晕，学生除了"是"之外无法回答别的答案，只能动动嘴唇，礼貌回答，这种反应或因为学生钦佩如此铺陈的渊博学识，或因为学生对老师所谓的问题一无所知。判断一个好提问的首要标准是，这个问题并不想直接做出论证或教导别人——这个问题必须意识到自己的无知，相信自己的无知，展示自己的无知，想尽办法不要让提问涉及太多自己的认知。就像一支箭必须修剪尾翼才能真正击中目标。箭越精细，能击中的范围就越大，就越能够穿透目标。

在练习这门艺术时，每位对话者都恰如其分——心灵让我们随心所欲，去到任何想要去的地方，一切的重点是去倾听，并知道如何倾听。

为了练习如何倾听，哲学的艺术家不可能是无知者，却必须练习无知的艺术，以精进他的倾听技巧。他要知道如何与自己原有的认知分离，将自己置于无知的深渊，克制自己；他要知道学生不知道什么，因为学生往往相信自己知道些什么，即使自己实际一无所知，甚至对这种无知也毫无知觉。

他相信自己知道自己知道什么，但是哲学教育家必须更进一步，认识到学生实际并不知道他自以为知道的东西。

因为这位哲学的艺术家从未去充分理解他所知道的东西，也不知道他所不知道的东西可能会带来的影响和后果，因为他没有觉察到这所有的矛盾与对立。另一方面，因为他知道他所知道的是有误的、片面的、不完整的、模糊的。他不会太担心自己知道得不够透彻，因为他知道绝对透彻的言论是不存在的，或者是不能被阐明的，但与此同时这才会迫使他去倾听，给予自己一个真实的状态，去倾听构成人性的无限多样性，总是抱持着好奇，期待着倾听来自每个人的一切声音。

然而，如果一位哲学家对眼前的问题一无所知，那么他必须具备辨识的能力，知道在知识加倍的形成中所有内在的区别是什么。

一个人如果不知道如何探索一个自己不懂的东西，不会辨识，当然就无法提问。勉强提出来的问题也是尴尬的、古怪的、死气沉沉的、离题的、笼统的，甚至是不合时宜的，就算听到答案也无法真正理解。

为了能够辨识，你必须全副武装，眼睛和耳朵都必须有丰富的经验。从来没有睁开过眼睛、从不曾学习的人，要怎样能让他留意？他根本不知道要注意什么。

要通过学习，一个人才能学会如何学习。

要在树林中保持警觉，必须留意树叶的各种沙沙声、鸟叫声以及知道可食用和不可食用的菌类。否则，我们什么都看不到，什么也听不到，只能感知到模糊的声音、颜色及形状。

如果我们辨认不出形式，我们就不会试图去了解。

3. 典型的问题

因此，我们的哲学老师对那些担心自己无知的人具有双重功能——同时教授他们"知识"和"无知"，或者可以说"知识"和"非知识"。

有些老师专注于知识，另一些老师则专注于非知识。这两种老师都认为自己在教,而且这两种老师也都确实在教,但他们教的真的是"哲学"吗?他们是在进行哲学探讨吗?当然,这无关紧要,继续我们的教学旅程吧。

让我们来看看"提问"到底包含哪些元素,也让我们看看哲学老师的角色究竟是什么。

因此,我们会探讨一些在整个哲学史上一再被重复的典型提问。这些提问之所以一再发生,正因为它们是最紧迫的问题、最常见的问题以及最有价值的问题。我们对这些问题仍然应该保持高度的敏感。

这到底是怎么回事?

如我们前面所说,"行动"的第一个条件是"态度","态度"是"天资"的表亲。所以,就像做一个运动,或唱一首歌,关键在于摆正自己的位置,拥有良好的心态,允许哲学的存在,并研究哲学的基础。

在这个不可或缺的第一阶段,一些学生会出现严重的障碍,对这些障碍,不能视而不见。要进行哲学探讨,必须要先形成思考。

如果这个态度必须由老师激发出来,那是因为它并不是自然的。事实上,一般来说,无论是小孩还是成人,他们的心里或多或少都有些混乱、喧闹,这种心绪通过行动和语言表现出来，往往只是一些苍白的思考。

为了让心智摆正位置，首先老师要根据眼前群体性质所呈现出来的"喧闹"程度，要求甚至命令学生安静下来。然后，让学生去思考一个想法、一个问题、一段文字，进行一个反思，只思考，但是不表达。

让学生询问自己："这到底是怎么回事？"

这样自我询问三次之后，才让他们以口头或书面形式表达自己的意见。

如果是口头表达，就要求他发言并让其他人排队等候。

只要有人在发言，其他人就没有理由一直举着胳膊。

第四步是转换讨论的重点，可以直接问发言者或是其他在场者：发言者所做出的评论和主题的相关性如何？这评论清晰吗？是否符合老师的指示？有正面回答问题吗？重点不在于同意或不同意意见本身，而仅仅在形式层面检查发言是否有文不对题的毛病，确认思考的方向是否准确到位。这个阶段要求的是精确辨识表达的内容。

举几个例句，老师可以借此检查、澄清情况："你所提供的答案，回答的是提问的问题，还是回答了别的问题？""你认为你的回答，听众是否能够清楚理解？""你所表达的内容是否符合给出的指示？""你在回答问题，还是在举例子？"老师在这里向学生所提出的问题，是关于发言本身的意义、连贯性、性质和清晰度的问题。

这些问题要求确认当场发生的事件，验证其性质和内容。这促使发言者觉察自己的思考方式，并且对表达进行分析。这是进行哲思的第一块敲门砖。

为什么？

第二个问题，即思考的基础，是"为什么"。

询问"为什么"是对一个观念的结论、合理性、起源、根据等提出问题。问"为什么"时可以使用任何形式，不需要任何说明，学生也都能够了解这个问题，老师可以把它当作一个固定的方法来使用："你为什么这么说？"这是一个非常普通的问题，等于问所有事，也等于什么都没问。但这个问题很有用，因为这个问题将学生引向了论述之外的维度。

没有什么想法是凭空而来的。"为什么"隐含起源、因果关系、动机、目的，面对"为什么"，我们习惯自动证明我们的论点，在为这些论点争辩的时候，就会掌握到这些论点更深层的内容。

它使我们了解我们的思想和我们的存在。对此，每个特定的想法只是一抹苍白的影子或一块粗糙的璞玉，但是我们可以从这里出发，学习去升华我们的心智、我们的存在。

举例还是提出想法？

小孩一般都倾向于使用例子进行描述，运用具象化的方式来表达自己，有些成年人也常常如此："就像当你……""例如……""某些人……"柏拉图描述了思维的这种自然过程，它往往会从一种情境发展成几种不同的情境，最后会获得一个大致的想法。

询问孩子举例背后的想法是什么，询问孩子所说的情况是否是独一无二的特例，还是其他时候也会发生，这就是在要求孩子将他的直觉一般化、形式化，要求他随后进行抽象的处理。

想法不应该是例子，虽然它们可以彼此包含且彼此支持。

反之亦然，过度使用特定的、现成的词来概括，也意味着思维的短路，就像康德说的，这是"缺乏直觉的概念"。

概念不可没有直觉，直觉也不可没有概念，康德如此嘱咐我们。

同或异？

要以哲学的方式思考，必须思考"关系"。

一切事物都与人类的思想紧密相连，一切事物都是不同的。

柏拉图邀请我们去辩证"同"与"异"。所有的不同都可以是相同的，所有的相同都是不同的——若没有差异，关系就不可能存在。

然而，一切都取决于清晰的表达，让关系变得更加明确，表达时呈现出事情之间"同"与"异"的具体情况。

没有什么可躲得掉判断，任何事物总是可以质疑和可以修正的。为了让真正的反思发生，不能只是无限重复自己的问题，除非是有意地进行重复。不要重复地提问，也不要意识不到自己在重复。要避免重复，就要充分认识和掌握自己提出的全部想法。

这个想法与此前的那个想法之间有什么关系？这两个想法的内容几近相同吗？这两个想法本质的差异是什么，这两个想法之间是否存在矛盾？我现在的想法，或我刚才的想法，对我之前已经说过的有什么影响呢？两个事物之所以相异或是相似，是建立在什么概念之上？

通过这些提问，我们便能形成新的想法。

只有关联到具体情境才可以处理问题。

但是要注意两个可能发生的陷阱。第一个陷阱是，区别当然总是存在的，如果一直拘泥于寻找无意义的细微差别，就会没完没了。第二个陷阱是，如果否认对立的话，万物就会显得连贯、统一，所有事物就都融合为一体了。

"本质的"或"偶然的"？

关于"本质的"和"偶然的"，亚里士多德提出了一个有力的区分。思考，就是在开口之前，仔细先筛选一遍脑海里出现的东西。如果没有经过筛选，我们随口说出任何出现在我们脑海里的东西，我们就没有思考，顶多只能说出非常笼统和模糊的话。

重要的是，我们要根据本质性、重要性、效用、美、真理等来区分脑海里浮现的东西。要问自己一个观念是本质的还是偶然的，需要引入价值判断，或对这个观念进行说明，因为每个想法都在层次结构和优先级分类上有一个特定的位置，无论是潜藏于无意识中的观念，还是难以用言语表达的想法都不例外。

如果是"本质的"，就要有足够的恒常性，这意味着一个实体、一个事物、一种观念或是具备某种性质的存在不是处于从属地位，而是根本的、本质的。

如果没有了这个特征，这东西还是原来的东西吗？还是会变成别的东西？果实长在树上，但果实能够不长在树上吗？对于一个实体来说，某种性质或特征是否真的必要？它是否也适用于另一个完全不同的实体？这些提问反映了事物的本质、观念、存在，以及它们的界限、差异和各自的价值。

问题是什么？

一旦我们有了一个想法，我们可能想知道这个想法的普适性。要做到这一点，就有必要去思考"例外"。

"例外"应该被思考，因为它既能反驳规则也能确认规则。

"例外"之所以可以让一条规则失效，因为它剥夺了这条规则的绝对有效性；"例外"之所以可以证实一条规则，因为它确定了它的极限。

根据波普的说法，这种处理方式具有科学方法的特征，根据这种方法，观点是脆弱的，可以被证伪，而这正确立了它的科学性，使它有别于宗教的模式，后者强调有些命题是无可争议的。

所有属于理性的东西，都是有争议的——绝对无误的话语，属于信仰，而非理性。知道了普遍性的局限之处，也就是把握到了它的深刻本质。最重要的是不要害怕反对，而是要渴望反对。

因此，对于任何提出的想法，我们从一开始即应提问"它的问题在哪里？"，在起初便假设它的问题必然存在并必须把它找出来。

此外，任何特例的出现，都能引领我们找到另一层面的普遍性，触及一些新的假设。

4. 提出例子

一开始，老师垄断了提问的角色，是为了树立榜样，为了奠定基调，为了让思考严谨，也是为了快速有效，但是慢慢地他会要求学生来自行完成这个提问的任务。

第八章
提问的艺术

一点一点地，学生开始行动起来，有些机灵，有些则比较迟缓。老师的角色是扮演"陌生人"，就像柏拉图在他晚期对话中扮演的那个没有名字的雅典"异乡人"。①

"陌生人"是不将事情视为理所当然的人、不接受习惯的人、不了解协议也不承认协议的人。学生应当习惯去扮演自己的"陌生人"，也在群体里面扮演"陌生人"，不为得到保护而和群体融合，不需要被群体认可，也不会寻求群体的同意。他的存在不论是对别人还是对他自己，都不是为带给人安心的，那是心理学家或父母的任务。他在那里的作用是去惊扰，去激起思想中固有的焦虑，去激活思想，就像莱布尼茨所说的那样。

要走向哲学，就必须进行哲学思考。希望学生进行哲思的老师，必须一视同仁，不能给学生不被要求、不用反思的"空间（特殊领域）"，因此，他必须自己也进行哲学思考，也成为一个"陌生人"。如果他不习惯热爱、渴望和产生原本不属于他的东西，他怎能在课堂上产生哲学呢？因此，他至少会去探寻

---

① 柏拉图笔下的雅典异乡人试图重新解释克里特与斯巴达两个城邦的政制和习俗。他这么做的方式是与这两个城邦的年老的立法者交流，讨论他们法律和习俗的来源以及习俗背后的目的和依据。雅典异乡人在克里特岛上与克勒尼阿斯和墨吉罗斯交谈时不会被雅典的习俗所束缚，因为他自己既不是克里特人也不是斯巴达人，尽管他对这两个城邦的习俗并不陌生，但他也不会被那里的习俗所束缚，只会对那里的习俗保持敬意。相对而言，克勒尼阿斯和墨吉罗斯是在他们的习俗中成长的，因此，他们的思维观念受到当地习俗的影响，他们不仅知道自己习俗背后的目的和依据，也倾向于为自己的习俗辩护。——译者注

过去的哲学家们所说的东西。

当然，他们的言论并不总是容易被阅读或理解，也并不全都令人兴奋。因为我们都有自己偏好的主题。但是，如果把无知当成一种姿态，寻找"天生的哲学"，并且准备惊叹于婴儿或青少年的无知言论，把他们当成天生的哲学家，把他们无知的言论当成哲学，还为他们辩护，以这些无知的言论作为思考的替代品，那就跟诈骗犯没什么两样了。

"敢于思考（Sapere aude）!"，如果一个哲学老师如此振臂高呼，就像康德对他的学生们那样，但自己却没有付诸行动，只是嘴上高喊着"敢于思考！"，又有什么用？他自己的行为，背叛了他说的话。

如果一个哲学老师乐于让充满逻辑错误的观点脱口而出，或者他的想法总是模棱两可，那么他传递出来的讯息是什么？

一个人，虽然有时会因为某种神秘的契机，灵光乍现冒出天才的想法，却不会因此而变成哲学大师，因为这根本不是有意识的成果。

如果对思想的处理没有严格的要求，这样的老师必然反对学生对在课堂上所学到的知识进行思考。那样哲学课就会变得像是数学课，通过某一过程来报告结果，因此，它可以创造一个愉快的交流场所，这或许也是有用的，但不是所有人都会同意这种教学的目的。

第八章
提问的艺术

只有方法是明确有效的,才不会只停留在意见层面。

而哲学的方法不可能是随意的。如果我们的心灵充分了解了哲学的源流,认真思考,就能确定什么才是好的哲学方法。

如果人的思想不被简化为固定的程式,像数学公式那样,就有办法知道更好的过程。

为什么不善用过去?如果重现数学可以是有趣的,那么重现过去哲学家的心智曾经所至之处,也应该至少一样有趣。

人可以无穷无尽地去建立思考的过程,探讨思考的微妙和复杂性,思考使用多重讨论的规则、心理和情感的各种维度。虽然哲学是一门提问的艺术,但就像所有的艺术一样,创造力和天才的呈现,需要运用大量的技术和知识。

既然"态度"和"天资"是行动的条件,为什么我们却时常不理会态度或我们被赋予的天资?

如果我们喜爱难题,那就没有什么可以疏远我们和哲学。

喜欢习惯的人不会喜欢难题,他们只喜欢确定性和证据,所以他们会变成哲学的陌生人。

喜爱难题,就等于喜欢难题对真理做出的贡献,难题多么美妙!它们以"镜中镜"般无穷无尽的"嵌套结构"存在,正因为有疑难的存在,我们才可以有机会去爱这种种的困难、种种的怪异和种种的提问。

这是种"情感教育"——超越迫切想要表达的欲望,超越僵化的意见，超越对问题的恐惧，目的是不让心智追求肤浅答案，而是对事物进行仔细的质问，远离空洞无物与专断、僵化的规则，挣脱学术读物的条条框框。

"你是谁？"苏格拉底问我们。

"你是否存在？"龙树菩萨问我们。

"你知道你说了什么吗？"帕斯卡问我们。

"你从哪里得到证据？"笛卡尔问我们。

"你怎么知道？"康德问我们。

"你会思考事物的另一面吗？"黑格尔问我们。

"是哪些物质条件促使你如此发言？"马克思问我们。

"当你在说话时，是谁在说话？"尼采问我们。

"什么欲望使你焕发生机？"弗洛伊德问我们。

"你想成为谁？"萨特问我们。

为什么不允许自己受到质疑呢？当我们听到这些不想听到的问题时，我们假装在跟谁说话？莫非，我们不喜欢雅典异乡人，只喜欢与赞同自己意见的人进行讨论？

第九章

课堂内的哲学讨论状况

近年来，在中学和小学中，哲学讨论呈现出多种形式，获得了一定的成效。尤其是那些一直缺乏真正哲学训练的老师。这本身不是一个问题，而且，从哲学的传统和烦琐的概念来说，甚至可能具有某种优势——除了它提出"讨论"的本质这一问题外。讨论如何具有哲学意义？什么构成了哲学讨论？在这里，我们对标签的兴趣并不高，我们感兴趣的是讨论这种形式提出的内容所带来的好处。因为在这类练习中，我们所面对的特定问题是，内容不被视为内容，而被看作一种形式。对许多老师来说，这是一个比较新的情况。

1. 如何看待"意见"

让我们从一个假设开始："哲学就是通过感知、分析、质疑、检验而从观点（意见）中获得新的见解。"换句话说，哲学练习就是处理想法，像对待黏土一样揉搓它，去除它僵化的表象，震动它的基础。一般来说，通过这个简单的步骤，一个想法将发生改变；或者它的改变不大，但总会有些调整，不再与原先的自己完全相同，因为它有了新的生命；尽管如此，只要有人对它用心，只要它听到了原本不知道的东西，只要它遇见了别的东西，它就已经发生了变化。因为，哲学是一种追求，一种工作，一种转变，而不仅仅是一些论述。严格来说，论述只能体现已完成的结果或是明显有限的东西，因此它往往呈现出一种虚假的严密性。我们必须摆脱未阐明的直觉、不可靠的语词和陈旧的表述，这样我们才能从中理解到丰富的意义、隐含的结论，以及未被承认的预设。这就是哲学的本质特征，由此我们可以对哲学家的活动与哲学史家的活动加以区分。

从这个意义来看，创建一个讨论，让每个人轮流发言，这已经代表哲学层面的一种胜利了。围绕一个主题，聆听不同的观点，通过倾听和讲话来应对这些观点，感受这些陌生的词汇对我们造成的刺激和影响。不干扰对方说话其实是接受的一种重要形式，因为这意味着在自己身上施加约束，这种禁欲主义是很难做到的。我们需要观察率真的孩子或大人如何本能地、不停地互相交谈，而某些人又是如何轻易地滥用同样的词汇。也就是说，我们可以通过与他人的对话来进行哲学思考，即使对话不断地改变方向，众多的信念、想法和激情彼此发生猛烈的冲撞，令人迷惑。但是，在这种情况下，除非有罕见的有效的自我控制，否则恐怕只有在讨论之后才能进行哲学思考，在行动的火焰熄灭后，才能通过单独的沉思，审视并重新思考所说的话或当时应说的话。在激动平息后才进入哲学探索有些可惜而且也有些迟了，我们最好是能够在讨论过程中、在当时那个时刻就进行哲学探索。更重要的是，即使没有完全阻挡任何反思的观点，一旦从自我锚定和各种自我暗示中激发出猛烈的激情和冲动，即使它们没有完全阻碍反思的进行，但是让它们安静下来并不容易。

2. 发言设置

由于这些原因，哲学需要人为确立一个正式的准则才能发挥功能，那么最重要的是提出规则并任命一位或多位仲裁员来确保这些规则正确运作。在我们看来，最不可或缺的规则是"轮流"的规则，按照时间顺序或由仲裁员或通过其他程序确定轮流的顺序。它可避免激烈的竞争，防止因仓促造成的紧张。最重要的是，它允许"歇息"，这是思想必要的行为，为了进行哲学思考，必须留有时间，让自己能够从众多的语词中抽离出来，使自己摆脱眼前想要做出反应及说话的需要和欲望。

因此，必须进行一定的戏剧化，在表达自己的想法时进行生动的演绎，夸张地使用动词，让每次演说都变得醒目。一个被证明有效的方法是发言要面对所有人或面对空气，但不要在私下或在冲动之下发言。它可保护群体免受众多"旁听者"的干扰，这些"旁听者"会形成一种喧哗，制造一种背景噪音，妨碍别人专心聆听，使人分散注意力。它还可防止言语的能量在许多小小的感叹声和闲言碎语中传播和耗尽，这些细碎的声音往往比真正的思考激发更多的紧张不安。

戏剧化允许客观化，客观化使人成为站在某个距离之外的观察者，能够更好地进行分析，发挥元话语（metadiscourse）的能力。由此，戏剧化的演说具有了特殊的意义，它有可能从消费主义的视野中挣脱；在那种消费主义的视野中，因为言论自由，人们发言毫不费力，言语变得琐碎、浅显、易于接受。

然后，我们继续权衡这些词语，以更谨慎的方式选择我们想表达的想法，以及我们想要使用的词语。由此，我们将充分理解自己的想法，小心自己的话语，渴望把自己置于批判的位置，直面自身，能够把握话语的利害关系、影响和后果。此外，由于接触了来自他人的观点，就像在棋局上相互博弈一样，镜像效应发生了，这些观点使我们意识到自己的假设、我们未说出的假设以及我们的矛盾。

3. 掌握"游戏"的感觉

哲学练习需要这种"异化",让我们在他人的观点中迷失原有的想法。这些考验揭示了对话的困难、我们思想的混乱以及与混乱相关的思想僵化。这三种征兆,在不同程度上显示出哲学探索的困难。对于老师来说,重要的是看到他能够在多大程度上要求这个人或那个人达到严谨。某些人需要催促才会进一步面对问题,某些人则较希望获得帮助和鼓励,以减少练习中的问题。

这种练习有其困难的一面,对此,重要的是提供一个可进行"游戏"的空间,尽可能运用幽默,达到"无痛分娩"的效果。如果不算作游戏,在倾听和表达的过程中,学生在智力和心理上,会面临巨大的、难以承受的压力。对判断的恐惧、对别人的凝视和批评的恐惧,将会因为是场游戏而分散和减弱。如我们所说,与一般讨论不同的是,这种讨论的目的既不是要求正确,也不是强辩到底,而是练习哲学技巧,就像玩任何体育或棋类游戏一样。

练习的另一种方式是建立思考的团体,类似于科学家小组。借此,每个假设都必须经过伙伴慢条斯理、认真细致的考验;每个概念必须逐一通过小组的质疑而得到研究和讨论;小组将检验它的功能和有效性,确认它的适用限度。从这个角度来看,就是要为自己和他人服务，接受和鼓励这样的质疑，不怕不温柔或丢脸。不用再区分人们是否彼此矛盾，而应区分彼此矛盾的人们是否知晓他们的矛盾。一切的关键就是要显示观点的分歧和缺陷，通过质疑，才能构建思想。要做到这一点，重要的是要传达一个理念，即"完美的言论是不存在的"，老师与学生都是，不管开始时是多么令人沮丧。

4. 我们在寻找什么？

想要进行这类练习的老师都有一个共通的困难，那就是理解哲学练习的性质和目的，这与他惯常所做的练习有些不一样，它的结果主要依赖预先设定的目标和规则。如果讨论发生，则结果可能是得出可接受的结论，如同课堂讨论一样，或仅是"自说自话"，除了言论自由外，没有其他收获。哲学实践建立在特定的能力上，我们将其定义为：辨识、问题化和概念化。"辨识"是指深化我们或他人话语的意义，以确定话语的性质、含义和后果。"问题化"是指提供反对意见、问题和各种解释，由此可以显示原初命题的局限性并尝试突破这些局限。"概念化"是指产生能够辨识问题或解决问题的术语，从而阐述新的命题。在这个架构中，我们相当接近黑格尔的论证形式：正题、反题、合题。

因此，老师的目的不是要达到这个或那个结论，而是要根据学生的水平来运用这种技能，不要试图美化结果或在讨论过程中表现得太过活跃，不要让学生感到焦虑，也不应该纵容、溺爱学生。他必须花时间，也就是说，这个活动必须在课堂中进行数个月的时间，确保学生能进行自主的思考。在学生理解和处理思想的过程中，有时存在许多困难。实际上，老师也会遇到一些难题，但不要觉得它们是障碍，因为这样他可以更理解学生的困难。从这时开始，老师成为练习的一部分，这种情况可能是不协调的，甚至是不愉快的，但如果他接受这个游戏，他就可以乐在其中。对于哲学而言最重要的是通过关注经由语言产生和出现的问题，理解思想，让思想发展。它应是在步调悠闲中进行观察和思考，而不是与时间赛跑。

5. 课堂讨论的形态

为了更好地确定哲学讨论的含义，让我们尝试勾勒出一种讨论的类型。让我们定义某些广泛的讨论类别，以澄清我们正在寻求的哲学讨论的性质。这些其他类型的讨论并不见得有什么重要性，但因为它们每一个都具有特殊的作用，发挥着某种功能，尽管并不是我们想要处理的功能。

任何练习都包含具体的要求，都要完成具体的任务。重要的是清楚这些要求和任务，因为在这种限定中，练习才是有效的。这种限定使学生知道自己能够达到的目标，同时也使学生知道自己无法实现的目标。尽管讨论的含义似乎众所周知，小学老师也将提倡讨论作为自己工作的指导方针，但是，我们最好在开始探讨和订立规则前知道讨论是什么。

交流新鲜事

小学老师经常开展的讨论，类似于专题互助小组，形式是让学生轮流发言，让他们说出发生在他们身上的事或他们关心的事。除了必须是轮流发言外，没有其他限制，学生必须清晰地表达自己，以让其他同学了解自己。从一方面来说，这种形式的讨论意味着一个重要的挑战，它要求学生告诉别人关于他们自己的事情、他们面临的事情以及他们担心的事情。我们必须了解，对某些孩子来说，这种课堂讨论可能是他们平静地分享快乐、烦恼和进行社交生活的唯一场合。另一方面，讨论要求言语表达——寻找词汇、组成句子，阐述我们关心的事物，不必在意这些表达是否是必然正确、正当或真实的，只要别人能听到我们说话，明白我们的意思。

班级会议

这个讨论的主要目的是认识到不同的意见并解决相关问题，这有助于发挥课堂的社会功能。公司的内部小组也可以使用它来解决共同的问题。这种讨论主要关注实际问题和道德伦理问题，对此，最好找到一个解决办法，尽管并不总能做到这点。在进行决定时应采取民主形式，让课堂的全体同学都参与其中，这就是默认了当过半数的同学都同意时，即达成结论和共识，讨论便可以结束。在讨论中，老师将根据情况或多或少地提供示范。这种交流方式可以作为承担公民责任的入门实践，使学生对自己的行为负责。它也会自然而然地促进口头表达练习，让学生解释特定的情况中呈现出来的普遍问题，因此，可探讨实例和观念之间的关系，尽管人们往往强调事物实际的一面。

针对不同的意见进行辩论

这种相当自由的模式与前面的"交流新鲜事"那个练习类似，不同之处在于它要求处理一个特定的主题。另一个重要的要求是，每个人都要论证一个特定的论点。在讨论的过程中，学生应当充分地参与讨论，小心谨慎，将重点放在讨论上，而不是像站在十字路口一样不知所措。老师有时候需要介入，纠正讨论的方向，澄清一些内容。然而，对于我们来说，如果老师持续这样做，或老师想要为学生的思考过程施加更多规范，那么讨论就会因为这种严苛的行为而变质。至少，在轮流发言中，学生要学会耐心等待轮到他发言，学会明确表达自己的想法，努力让别人了解自己。在别人进行讨论时，保持安静是很重要的，因为这种类型的讨论经常会出现"没错，但是……"或"我不认同"这类反对的声音，学生需要特别关注这些反对意见的特殊之处。诚恳、信念、热情以及一般性的感受在这里具有重要的作用，因为学生的参与是自发的，而且没有正式的要求，也不用特别讲求严谨，这些都有利于思想的流动。然而，基于这些原因讨论很容易陷入宛如两人或多人之间的乒乓球赛，大家各持己见，不愿聆听和了解他人，尽管这些交流正是练习的重要部分，能够让讨论的情况变得更清晰。应该补充的一点是，不同观点的辩论往往建立在平等主义和相对主义的假设上。

想法的"涌现"

这种讨论方式有点类似于美国的头脑风暴。它能非常自然地被应用在教学实践中，尤其是当老师确定一个目标时。这种讨论方式是相当具有融合性的——课堂上学生被认为是一个整体，很少有人单独发言，事实上两个以上的学生同时发言也不会干扰到彼此。最重要的是，这种讨论能够激发学生提出自己的想法，或者是一些零碎的感想，或者是一些只言片语。讨论的形式是开放的——想法一出现就会得到承认，虽然老师可能只会将他认可和赞同的想法记在黑板上。这些想法的展开通常由老师立即实行或在讨论的第二阶段实行。此外，其他类型的讨论或随后的书面工作，将允许学生进行分析。这个模式的关键特质在于它的活力和动态性，它首要的缺点则是它不是真正地去阐述想法或进行辩论，而只是抛出自己的直觉和零散的认识。在这里，重点在于形成一个想法清单，以便找到正确的答案，或是简单地让学生"参与"课堂教学。

讨论的练习

这种讨论旨在将课堂所学的东西，包括词汇、语法、科学或其他内容付诸实践，其目标是运用具体的课程知识，特别是让学生思考课程内容，并确认他们是否适应这些内容。这些练习通常以小组的形式进行，讨论的结果往往要写成摘要或分析报告。如果讨论的形式尚未确定，而是由学生决定，或多或少是随机的形式时，则讨论的结果必须符合老师的具体期待，并且老师会评估学生对课堂知识的了解程度。形式方面的要求并不是微不足道的，因为它将引导学生学会如何阐述和证明想法、如何进行综合等诸多事情。

论证性辩论

这种模式在传统上在盎格鲁-撒克逊国家使用较多，尽管它的影响力已在法国国内开始显现。它对应于古代的修辞术——这种讨论艺术曾被认为是哲学的前身。最重要的是要学会论证某一特定论点，并反驳相反的论点。为此，有时必须提前学习各种形式的论证，然后进行阐释和确认，并学会辨识论证的错误。但论证也可凭借很直觉的形式和非正式的形式予以完成。某种程度上偏离原初的论点也是必要的，因为讨论的任务并不总在于要捍卫一个人先天同意的论点。这种练习是大学的特色，在小学里较难应用，一般较常预留给大学和高中的学生。

正式的讨论

正如我们所理解的那样，正式讨论是哲学讨论所属的范畴，其首要特征是缓慢。它通常在转变中运作，因为它的形式同游戏规则一样是强加的，其主要目标是建立正式的机制，由此实现似乎对哲学至关重要的元思考。它要求参与者不仅要发言和行动，还要观察自己的发言和行动，不以自我为中心，与自己保持距离，关注并分析自己和他人的言行。这在其他形式的讨论中也是有可能发生的，但在这种情况下，这一点是强制性的。因此，关键在于提出的规则，或者更确切地说是强加的规则，这些规则可以通过讨论进行适当的调整。这是一项非常严苛的练习，因为它实际上涉及某种禁欲主义，这是与辩论的自发性和本能相违背的。如果老师通常一开始先制定规则，那么学生也可以引导讨论，制定自己的规则，他们知道必须得到所有人的尊重才能让练习进行。这些规则可以是非常多样化的，它们将阐明元讨论的性质，包括内容分析、合题的产生、问题的出现、思考或概念化等。这些复杂和沉重的规则有可能会加重讨论的负担——如果这些规则是一种形式的要求，而非内容的要求，且要求更抽象的讨论方式，那么它们可能更适合那些最擅长处理抽象问题的学生，除非其他规则补偿了这种精英化倾向。然而，对于那些害羞的学生，如果保留他们的发言时间，他们大多也能发表自己的见解。

因此，任何具体的讨论练习都将以某种方式特别侧重某种功能，因此对某些类别的学生有利，而对其他学生不利，至少一开始是这样。因此，上述每一种类型的讨论都不能说自己是全能的——它们每一种都代表一种可用的形式，可与其他形式交替使用，这取决于所要实现的目标。此外，广泛运用各种类型的讨论将是有效的，这可以使学生学会区别言论的各种样式和语言交流的各种形态。这些不同的形式有时可以交织在一起，若非如此，仅采用单一的形式，将会造成一些问题。我们在上面所设定的摘要或定义，并不排除其他的形式，也不是完整而没有缺漏的。它们的唯一目的是进行一些比较，以更好地理解问题，并明确讨论的目的和规则，对于老师来说，这些都是不可避免的要求。就哲学探索来说，关键在于理解我们赋予词语的含义、澄清我们希望运用的能力以及检查在多大程度上哪些规则能够帮助我们学习和运用哪些能力。

第十章

哲学练习的规则

1. 玩游戏

任何游戏、任何实践以及任何练习，都需要制定规则，包括跟具体要求和限制有关的规则，或要求特殊技能的规则。游戏不是一个简单的发泄方式——它通过规则提出挑战。对规则，必须予以阐释、界定、理解和应用，并必须不断地对其进行检视。事实上，规则的价值就在于其价值的实现。根据当时的情况、特殊的群体或特定的要求，根据具体目的或其他更多的理由，规则将得到更好的检查，由此我们可以更新、调整或纠正规则，或放宽规则的约束，或选用新的规则。而且，规则可以或必须成为讨论的一个组成部分：我们将定期围绕规则问题进行讨论。这是一种反思和辩证的做法，应当受到推崇。因为，不仅规则将有所不同，而且当规则的制定者发生变化，无论他是老师还是学生，同样的规则都会发生不同的变化，这取决于制定者注重哪些方面。

我们不要忘记一点，规则是有内容的——它们引导学生及其思想朝着某个方向而不是另一个方向运行，它们试图减轻某个困难，而不是另一个困难。因此，如果学生由于害羞，由于课堂环境或语言障碍等原因难以表达自己，那么老师应当更自然地强调阐述想法这一简单操作，而不是要求学生进行抽象的解释。面对断言需要进行质疑时，实际上老师会默认扮演质问者的角色。同样，对于概念化或问题化，老师将根据情况，按照他认为合适的程度对奇特言论进行适当的调整，使之稳定。有时候，他不得不在词汇或句子的逻辑安排上下功夫，因为学生们使用的词汇和短语在使用或理解上会产生太大的落差。有时，特别是在一个年度开始时，老师的主要工作将是执行基本的行为原则，如让学生轮流发言。但是，关键在于要把孩子引领到他应该在的地方，这本身并不会成为一个问题，除非老师因为个人或行政方面的期望而希望快速操作，这很容易干扰练习的进行。

但我们不要忘记，这些基本的规则可以很好地作为一个游戏存在，并由此获得很好的结果，不应将它们视为琐碎的、纯粹的纪律形式。尽管一开始这种游戏形式的应用可能会遇到一些阻力，但是这种阻力将会逐渐减少，因为学生会习惯规则的限制，在游戏中吸收知识，进行实践，乐在其中。

第十章
哲学练习的规则

如同下棋和玩牌，游戏必须过关斩将，为了能够真正地玩好游戏，我们必须利用游戏的资料和数据。对于大多数孩子来说，这样的限制本身并不是个大问题，尽管这些规则代表了某种挑战——与成年人相比，他们的游戏本能更加活跃，他们对于自己所做的事还不太当真，他们的活力还没有因为外在欲望和内在的恐惧而过度耗用，他们仍然知道如何去信任一些规则。

然而，真正的问题在于不恰当的规则，这些规则旨在培养一些太过超前的技能。因此，问题在于如何在"追求"和"不可能"之间维持永久的张力——向前迈出一步，但不是太大的一步。这是维果茨基所谓的"最近发展区"的著名原则。从这个意义来说，如何使用适当的规则作为主要教学工具，这种选择本身就是一门艺术，对此老师不一定要做很多准备工作，也不用创建或部署好一切规则。艺术从来没有办法写成配方，但必然是连续实践的结果。

为了让规则便于运用和操作，重要的是要坚持它们的游戏性和保留质疑的空间。它们之所以是有趣的，原因在于它们不构成一种真理或绝对的"善"，它们只是一种游戏玩耍的手段。它们之所以是有争议的，原因在于它们有"存在的必要"，也有很多不该存在的理由，也就是说，它们可以被其他规则抑制或取代，这是可以平静讨论的问题。我们可以从这个角度来谈论对规则的认识和了解。因为它们不再只是权威力量的产物，也不属于具有神秘力量的主宰者，而是理性的产物——某种理性的或是契约的甚至是任意的安排，因而可被质疑。因此，规则可以成为反思的对象，而不应轻易地被接受或拒绝。游戏是什么？一种集体（或个人）的练习，通过运用特定的程序，让每个人都可以彼此面对面较量。规则本身已经不是目的，它不再从它的冷酷中获得实质和合法性，而是一种存在的手段，因为它为存在提供了做某些事情或成为某种人的可能性。这样的观点意味着宽容，而不是简单的纪律的严苛惩罚。

玩游戏牵涉到另一个问题：知识的建构。事实上，如果知识不是先天就有的，那么它从何而来呢？知识是如何出现的？玩游戏暗示知识是一种实践、一种经验的智慧，而不是先天就建立而供人复制的一套理论。若是如此，知识便是实践知识的结果，而不是实践知识的先决条件。然而，我们不该忘记知识也来源于思考。当然，任何实践都以某种知识为前提，比如在我们的练习中，总是需要使用语言，即使它与知识的关联最小。然而，与其担心如何让学生正式获得这些先决条件（这可在其他时候做），不如让学生们投入练习中。这种动态的博弈将使所有老师和学生能够彼此评估对方的能力和弱点，并确定下一步该做什么。

我们在这里谈论的游戏也是一段旅程。一些必要的程序要求学生汇集他们知道的东西，利用这些知识，认识知识的局限性，确定他们的需求，并根据具体情况运用新的观点和新的概念来解决他们眼前的问题和障碍。即使参与者只是单纯地察觉到问题，他也完成了他的任务，即唤起对知识的需求，为思想创造一个窗口。这种心态会诱发额外的推动力，学生将会告诉老师他的想法，老师则会根据这些具体的经验解释某些重要的原则。结合实际的经验，知识才显示出它的必要性。

通过游戏性的讨论，产生这些知识，这将有益于那些在课堂和练习中用功的学生，他们面对无边无际的课程，不得不囫囵吞枣地咽下那些陌生的知识；也会帮助到那些成功掌握了知识体系的学生，他们知道如何重现被教导的东西，但有时这些东西会损害鲜活且真实的思想。游戏不能排除严谨的规则——因为如果这样，它不再是个游戏，而是娱乐。游戏的目的是，使思想变得可操作且是动态的，以此恢复思想的生机。

2. 游戏的主持者

在绝对的理想状态下，几乎不需要由某个特定的人来担当主持者，一旦每个人都承担责任，团体内部就能自给自足。但这不符合日常的现实生活，特别是当学生人数很多且这个游戏存在某些重要的问题或特殊的困难时。现实是老师的角色越少，游戏就越成功。不要因为实际的原因而选择把游戏性降到最低——因为我们仍然有其他的选项，只要澄清这些选项的性质、影响和后果即可。

"一场宴会，就像一艘船，都需要一个船长"，柏拉图如此说道。如果航行这个复杂的任务由多人执行，那么必须指定一个人，这个人将依据事实做出他认为公正的最终决定，即使必须冒着错误和不公正的风险。我们知道这不是法律的神圣力量，只是基于实际原因而确立的默认协议。因此这个角色可以轮流分配给不同的人。根据柏拉图的观点，这是一种政治角色，它将不同的人整合到同一事业中。如果老师更熟悉这种主持工作，在一开始便扮演这个角色，我们建议他根据具体情况，定期将这个角色分配给学生。如此一来，出现的困难也将成为练习的一个部分，即哲学实践的两个陷阱：独裁和煽动。

在这里，既然老师不再是负责"讲述真理"的人，那么他的角色是什么？首先，他是一个立法者——他建立法律，陈述法律，定期回顾法律，甚至修改法律。如我们所说，这些规则有受到争议的可能，但关键在于界定辩论之处、指定适当的时机以及决定何时应该中断，让练习不是永久地为辩论而辩论——这是人们容易掉入的陷阱，即使他们在游戏结束或开始时会询问学生是否授权给这个人来履行职责。有不同的方式来建立这样一个流程：在我们看来，最有效的做法是将全部权力授予游戏中指定的人，然后在游戏结束时保留一个讨论空间，以评估他所做的工作。

游戏的主持者也是一个仲裁者，一个司法角色，他必须确保有关的规则都得到尊重，无论是他自己的规则，还是事先确定的规则。然而，似乎最好的做法是把所有的决定都交给学生，例如通过举手的方式表决。如此一来，他作为仲裁员的角色就是提出他认为是问题的问题，征求少数人的意见，然后直接或间接地做出一个决定。仲裁不能被认为是一种辅助性的活动，而是练习的一种内在部分，因为阐述判断和形成论证也属于哲学活动的关键一环。通常，在讨论过程中，最有趣的问题会出现在这些经常很微妙的仲裁辩论中，这不足为奇，因为它们要求思考意义的形式、逻辑和关系，换句话说，它要求反思讨论，超越讨论，而不是仅仅交换意见。因此，这种辩论也超越了对于某个观点的赞同和反对，后者往往是主观的，难免会有争议。去思考人们对规则的遵守，也就是去理解人们对真理的追求。因为真理意味着遵守某种东西，这种东西可能是任意的——可以是某种想法、某种规则，或逻辑、效率，等等。

游戏主持者的角色也是带领者，具有执行功能。执行这个角色的人通常会被人们认为在完全依据他个人的裁断行事，被看作肆意滥用特权，因此在人们的心中种下不信任的种子，使他们难以对执行者产生信任。但如果没有信任，学生便不能以平和、平静的方式进行练习。此外，执行这个角色的人的权力是武断的，因为他不会征询所有人的意见，或者他可能认为个人对群体的贡献是微不足道的。在我们的练习中，与游戏主持人之间建立互信的关系是很重要的，无论主持人是老师、另一位成年人还是学生以及参与游戏的人。因为，若没有他，游戏还是可以进行的，但若没有他人，没有参与者，他便无法主持游戏。不是因为纯粹形式上的原因，而是因为如果有参与者做出不合时宜的行为而中断游戏，他可以介入而让游戏继续。就像最小的参与者也能提出好的想法一样，整个练习都可以向前推进。我们不要忘记，提供想法的不是游戏主持人，而是参与者，因此，应当在心理上和认知上都充分信赖参与者。然而，这对于难以信任学生的老师来说是很难实现的。

因此，权力不再是一个不好的词，一个令人恐惧的东西，也不一定是无可争辩的。这是一种技能和责任，是一种大家共同进行练习的做法。这种做法能够发挥团体的作用，进行具体的分工。它教人学会信任他人以及信任自己，通过同伴之间的规则来重新定位个人；它也教人学会接受社会生活的专断之处，以及存在的专断之处，不是将其作为引起消极和怨恨的因素，而是将其作为组成一个团体的重要部分。在处理这个部分时，需保持一定的距离，对于它引起的某些普遍问题，我们应及时意识到并加以解决。这种接受专断性的能力需要我们在意识上保持警觉，需要我们与自己保持距离，需要为了团体降低自己的姿态，需要学习如何收敛自己的主张和欲望。

这种职能不可避免地存在风险，尤其是那些在正常情况下有权力的人以及那些必须随时行使权力的人。因此，有必要轮流进行主持，并且保留辩论的时间，以便每个人都可以评估自己和他人是否恰当地发挥了作用。正因为规则是可批评和可撤销的，这些事情便会使规则变得更为坚固。在任何时候都是如此，然而，除非遭遇更大的困难，大家一般都同意让主席结束任期，这种公民权利的行使，也要注意去保护创造游戏的人。这意味着必须确保负责游戏顺利进行的人员能够自信地工作。对各种情况做出反应是一种存在的方式，这样的观点意味着心理和身份的一种显著转变，但它却是令人宽慰的。这可以称为"学习责任的原则"。

3. 请求发言权

大多数学生都熟悉发言必须事先举手的规则，但却不确定他们是否必须以严谨的方式练习，尤其不确定他们是否掌握规则的意义。一般来说，有两种最常见且相对无意识的想法：一种是赋予老师自由决定允许或拒绝发言的权力；另一种是，将这种行为视为某种仪式的人（多少有些强制性）将自动获得发言权，就像礼貌的姿态就可以保证行为让对方满意，或让某种手势，比如"请"或"原谅"正当化。第一种情况在小学中较少见，一般发生在高年级学生中。第二种情况则更加广泛：在许多班级中，有些学生在举手后就开始讲话，而不必等待授权。

我们希望再一次强调，我们应该去理解规则，理解规则的可疑性，去理解，去讨论，包括思考实施这些规则的可能性，思考这些规则可能存在的专断的部分。在这里的问题是"我们为什么要说话？"，是不是因为这些话语在我们心中挤压，必须不惜一切代价要让它们出来，换句话说，表达自己是否就像"挤"柠檬汁一样？某些讨论可以发挥这种作用，在课堂上建立自由而无拘束的言论空间，但如果这是个哲学问题，我们要进行哲学思考，要通过讨论产生思想，那么就要考虑更多的因素。

首先要倾听，这是相当重要的条件。事实上，如果其他人同时也在发言，或根本没有人倾听发言，在喧哗中发言有什么用？在其他人发言也就是说出想法时，我们应确保有最大程度的倾听，以尽量发挥言语的影响力，确保获得最佳的回报。但对于游戏主持人来说呢？作为一个典范，他是怎样的呢？他是否因为倦怠、灰心或耳聋而习惯在真空或混乱中讲话？或者他是否认为这是正常的——当他凭借威权要求学生保持沉默时，学生可能还是会发出噪音，而这可能是因为他的行为，而不是他的言论。

让我们探讨这种情况的某些问题。

第一，如我们所说的，在发言之前举手是为了确保在发言前，他人已经准备好倾听，而不是像发大水般哗啦啦一下子把话全讲出来。因为，如果别人正在说话，你就没有办法说话。

第二，学生之间是平等的，他们应相互尊重。这种尊重也有助于明确他们的平等地位。不应该打断正在阐述自己想法的学生，即使学生讲得很慢、不合时宜或不可理解，错误或误解是学习过程中不可或缺的一部分，不能用来贬低个人。学生在参与讨论的过程中可以逐渐改正他的言论。除非他讲得过久，或者说得非常混乱。

要求学生听同学发言是为了确保同学也会听他的发言。另外，请记住，虽然老师被学生打断时仍然可以跟上自己的思路，但是如果在学生发言时有别人插话，学生可能会觉得难以保持专注。对于害羞或神经大条的学生来说，情况更是如此。此外，为了确保更专注地倾听和更好的倾听表现，最好不要让学生在其他同学说话时举手，因为这形同刺激讲话的人或要他闭嘴。无论如何，当一只手举起来时，将会妨碍我们倾听……

第三，让学生习惯表达自己的想法，察觉自己的局限，意识到这种想法可能面临的问题。对此一个可能有害的做法是，老师总是帮学生说他们要讲的话或以轻蔑的态度重述学生所说的话。在不同的情况下，并不可能总是有时间让每个人都表达自己的意思，因此老师自然的反应就是代替学生说话，而不是让学生自己讲话，但学生会认为这是种妨碍的行为。因此，重要的是要在课堂上保留这个"浪费时间"的环节，这就是我们所说的哲学讨论，因为我们必须提供时间给学生来思考自己的想法、处理自己的失误，如理解上的错误，因为这些是他们思考过程中的真实情况，不应该被轻易抹去。特别是当学生已经习惯了这种人为的和不请自来的帮助之后。如我们后面所探讨的，这并不妨碍老师积极帮助学生说出他无法表达的想法，但最好是由其他学生扮演这个角色。

第四，这种举手仪式能够帮助学生和自己保持距离，培养学生及时转变、自觉主动的能力。通常学生说的话都是他们当时的"感受"，学生并没有花时间来组织他的发言，而且学生往往可能忘了前面曾说过的话——在这种情况下，要求学生重复自己所说的话，便可帮助他更好地表达。只有因为害怕和羞怯，学生才不敢在众人面前重述他的话。重复的代价往往是昂贵的，因为它可能会让人感到怀疑和羞愧。在课堂上谁没有经历过这种情况呢——一个学生在班上喧闹时能说出他的观点，但在所有人都安静倾听时，他却不敢重述了。

这引导我们到了第五点：独排众议。作为个体敢于单独面向其他同学乃至整个"集体"发言，这要冒很大的风险。这不是一种每个人都可胜任的自然做法，需要完成许多工作，老师必须鼓励这种锻炼。借助各种形式，学习去表达和阐明特别的想法，暂时掌握这种发言所具有的力量与权力，冒着让他人倾听、承受他人的注视的风险，面对他们传回给我们的眼神中所投射出的我们的形象。这冒着全面、开放地面对这个世界的风险。

请求发言的最简单的形式是举手或伸出手臂。还有其他方法可以让学生不急于发言，教导学生如何暂停，等待有利的机会，尽可能整理好他的想法，然后再表达出来，避免冲动，不要以自我为中心，考虑整个团体，同时与团体保持距离。你可以使用一根发言棒，甚至是一支麦克风，让它在课堂内的学生手中传递，没有发言棒或麦克风的人不能说话。刚说完话的人可以指定下一位发言的人。如我们所说的，重要的是为举动注入意义，作为与学生建立关系的一种手段，恢复它的象征价值，并通过已被削弱的权威来制定规则，充分发挥老师的教育功能。

4. 一次讨论一个想法

这条规则无疑是一条最基本的认知规则，要求持续不断地关注某个主题，持续地专注于一个特定的观念，以便对它进行讨论、深化和分析，进行说明和质疑。在所有的思考练习中，我们应该将思考的对象牢记于心，无论是它的"阿丽亚娜的线

201

团"①（即它的关键线索）还是它的内容和主题。这一点并不总是显而易见的，因为任何讨论、任何思考都会将我们的注意力吸引到次要的轨道上，或是联想性的引申，或是多多少少合理及有用的离题上，实际上，为了进行"元思考"（反思我们的思考状态），我们需要评估这些离题的具体情况，当然，前提是不能抛弃最初的主题。

这个任务是艰巨的，因为我们的讨论练习在许多分岔的声音中进行，再加上分岔的结果，创造了无数机会，在平行的道路、忙碌的道路和死胡同里载浮载沉。尽管我们强调要倾听他人的意见，并且把它当作一条准则，但是这会让我们忙于应对和回复耳边的各种言辞，最终让我们忘记真正需要处理的主题。为了理解这个普遍的问题，让我们重新思考柏拉图，他要求我们同时把握整体和局部，每一个特定的想法都可能让思想陷于狭隘的偏见之中。探讨一个问题时，有时会产生一些矛盾和冲突，让我们看看某些矛盾的情况，然后再看看这种冲突的多样性在多大程度上能够促进思想的建构。

首先，在确定一个想法的用处之前，特别是在询问一个人是否同意之前，应当认真思考这个想法。这是因为这种寻求认同的做法（即询问别人是否同意），类似于某种简单的本能，构

---

① 在古希腊神话中，勇士忒修斯要进入迷宫杀死怪物米诺陶洛斯，他进迷宫前，阿丽亚娜公主给了他一个线团，以使他能够从迷宫返回。——编者注

成了理解许多语词和文本的首要障碍。这种本能的反应或立场，通常先于理解，而理解往往被它们扭曲。因此，根据笛卡尔的禁令，探讨一个问题时，首先也是最重要的是暂停判断，暂时保留对它的赞成或反对，驱逐主观性，以便以开放的态度接受想法。因此，关键在于要求参与者放弃"我同意这句话"或"这个观点是错误的"或"我不喜欢这个观点"等这类陈述。因为，最重要的是衡量想法，检查想法，理解想法。

当我们处理一个问题时，最重要的是一开始就把它当成问题，不要受到某些本能反应的干扰（比如某些主观判断）。我们应小心这种本能反应，因为它就像其他的思想本能一样，在我们还没有花时间细致理解概念、观察概念内涵时，它就将两个概念或想法联系在一起，改变这些概念的位置，甚至缩小它们的范围。在这种本能反应的影响下，回答一个问题就是消除这个问题，根据它内在的不确定性，用一个固定的答案来确定它的意义；而不是充分考虑这个问题的重要程度，设想这个问题的深刻意义。然而，从定义来说，问题会提出一个问题，既然它是个问题，那么为什么不允许参与者自己思考问题呢？与之相似的是，审美活动意味着，一个人在艺术馆里耐心观赏作品，感受这些作品对自己固有认知的质疑和挑战，而不是急于冲到下一件作品前，不是紧盯着他的手表、想着还要看多少件作品才能结束参观之旅。

回答问题并未受到禁止，相反，如我们后面将要看到的，反对或同意某个想法也未受到禁止，但是，更有效的做法是，主动地分析这个过程，理解我们受到的质疑和挑战，而不是一味追求一个系统全面的答案，并为此承担巨大的心理压力。我们可以运用多种多样的方式来实现这一点，因为这是一个游戏，正是当动作、角色与功能变得不同时，游戏才更具有动态性。这就像是大多数的体育运动都有不同的策略，而一部分体育训练会针对性地培养灵活度、敏锐度和技巧。

我们建议花时间认真思考"理念"，因为理念既是我们练习的目标，也是最终目的。让我们回想一下，在人们重视思想的实用性、强调主观意见之前，例如古希腊，对理念的沉思受到高度推崇，尤其是那些对于人类十分珍贵的理念，那些深刻影响着思想内在结构的理念，例如那些"伟大的"、具有超越意义的理念，如"真""善""美"。正如康德所解释的，这些超越经验的概念是形成思想的基础和条件。

但要求沉思的规则很难付诸实施。因为在沉思中，心灵的活动是缓慢的，如果学生对此产生反感，那么老师呢？他自己能做到这一点吗？难道老师不会不惜一切代价推进讨论吗？这可能是为了效率。老师也可能害怕惹恼或欺负学生；老师可能并不了解各种想法的价值，因为他只喜欢符合他期待的想法；他可能害怕虚无、害怕没有答案；或者他只是没有耐心，不懂礼貌；他还可能会打断正在发生的过程，在讨论中人为地设置间隙。这些全都是老师在讨论中面临的障碍。然而，如果有人想到，所有的这些孩子和大人，这些生活在兴奋之中的人，生活在永久的忙忙碌碌和渴望节省时间的情况下，如果不是在学校学习如何花时间思考、如何提高自己想法的价值，那么要在什么时候以及在什么样的快乐或神奇的机会中才能学习这些呢？

更积极的方式是，要坚持一个想法，必须要解释它，但不要附加评论，单单只是重述它，通过阐述来重新表达它，将其作为一种咒语重复它，让它深入心灵之中。如果参与者想要质疑或反对某个想法，首先要求他重述这个他质疑的想法。如果参与者想回答一个问题，请他重复他要回答的问题。特别是当他已经回答时，通过他的回答很明显可以看出他几乎不记得原来的问题。

如果一个听众认为他理解了一个人的想法，请他跟那人确认他对想法的理解，尽管后者不知道是他没表达清楚，还是对方没听懂。换句话说，在继续前进之前，要检查讨论的出发点或锚点是否仍然清晰或存在。这些简单的要求本身往往就构成了一个练习，使每个人意识到我们在思想方面的坏习惯：我们想要表达某个东西，但我们不知道我们在说什么、我们在回应什么。

但我们不要忘记，如果游戏有时只是要求我们关注某个想法、花时间去欣赏这个想法，那也是一种进步，因为它要求参与者经历有关这个想法的各个阶段。而且这也要求参与者遵循这些步骤、满足不同的要求,并知道如何改变角色,然后对这个角色进行检验。

5. 看重问题

我们已经提到问题这个概念,但我们似乎需要将它作为哲学练习的一个基础元素和原则,再次进行探讨。关键在于重视问题,将其视为教学和学习的一个组成部分,而不是将其作为一个障碍,如果不能完全隐藏它,就不惜一切代价予以消除。我们应该注意问题所引起的负面影响——问题本身就是一个问题,老师用他的言语、行动和沉默表示"没有问题",这可能是自欺欺人;而对于学生来说,则确实存在问题。有时候最糟糕的情况是当学生不理解它,甚至不知道该如何表达问题本质的时候,如果他知道的话,问题就会消失。就目前而言,他只是感到痛苦,并说"我不喜欢这个事情",而不是"我不喜欢这位老师"。这是一种再恰当不过的本能反应,是一种对存在领土的捍卫——对方给我们造成痛苦,因此它被视为敌人是正常的。学生能够表达的问题越少,痛苦就越大,这种本能的反应就会越活跃,无论冲突是否存在。

第十章
哲学练习的规则

面对这一点，发言的重点是什么？在任何对话中，谈话最重要的是进行"问题化"、改变观点。"问题化"不单是产生一个问题，也牵涉到阐述一个现存的问题，这种阐述不一定会解决问题，但至少可以辨识和处理问题。问题不一定要被解决，虽然它可以被解决。问题首先必须被人们察觉到，经过一定的处理后，它才具有实质内容。作为一种实践，绘画对画家来说总是一个问题，就像数学之于数学家，哲学之于哲学家。否认这一事实，便是最灾难性的错觉，因为这暗示老师是一个魔法师（magician），从传统意义上讲，就是说他拥有特殊的力量，但这并没有揭示出老师其实是一个魔术师（illusionist）的真相，他只是知道如何摆弄那些细线，因为他看到那些细线是如何交织和组合的。

要做到这一点，首先必须修复问题的概念。"没有问题！""我没有任何问题！"骄傲或偏好安逸会让我们否认对问题的想法，认为问题是阻碍我们行动的东西，它是一个障碍，一个刹车，一个减速器。在这种不正确的认识下，问题又怎么会有实质的意义和价值呢！难道我们不总是按照许多可量化、可验证且可评估的教育指标，试图将教材和学习减少到一组数据或几个不同的操作？然而，在这种授课方式中，精神又如何呢？可以确定的是，在人们认可的各种活动中，心灵的作用随处可见，但是我们为什么要忽略心灵的培育，让它自生自灭呢？为什么我们要把它归类为随机的、意外的和次要的因素，为什么它不是我们应该主要考虑的因素？哪怕不是所有学生都会获得来自心灵的直觉知识。如果有些人由于某些超出老师能力范围的原因和情况，准备接受直觉的引导，那么另一些人，因为不适应老师教导的方法，也可能感受到心灵的力量。对此，老师必须意识到他教学上存在的问题，不能将这个问题藏在深处，遮遮掩掩。因为，在学习中遭遇困难的学生会发现这些问题。

学生的困难有助于一个特定目的：重新思考老师教授的主题，以及它的性质、有效性、真实性和价值。如果老师认为这一切都理所当然，那么学生的困难就是必须尽快处理的障碍，以便继续前进。课程成为最好的借口，成为恐惧和不安的避难所。我们有这些东西要学习，我们什么时候需要关注心灵呢？研究对象（如伟大的思想家）的心灵和我们的心灵，这才是我们必须关注的事情。我们太快就忘记古人的教训，我们发现自己只是一个没有灵魂的实体，沦落到只能学习和执行程序。这是有用的，但却太过简化。

因此，首先我们可以说"我有一个困难""这个任务给我带来了一个问题"，也可以用"我不知道""我无法回答"或"我不明白"的形式来表达。这些言语由于缺乏内容或答复，可能看起来毫无意义，并未对讨论带来任何东西，只是简单地承认了一个难题，而使它变成某种漏洞或某种礼貌的仪式。但恰恰相反，这些话实际具有重要的作用。这些话公开表明了问题的存在，然后打开大门，欢迎随之而来的各种有意义的事情。一旦认识到问题具有这种生产性的意义，人们就不会因为某一知识或实践不够清晰、存在疑难而感到痛苦和内疚。相反，这种"痛苦"的观察将引导我们开始反思。一个人的问题将成为所有人的问题，这首先是因为问题被提出来了。

其次，这个问题也可能是他人面对的问题，这些人没有能力承认或确认它。但这也是那些认为自己在这个问题上没有任何困难的人的问题，这些人必须公开检查自己处理该问题的能力。一旦问题成为所有人的问题，每个人就都会被要求去处理它，因为提出该问题的人会自然而然地说："我不明白，我请求帮助。"于是，那些认为自己能够表达或处理问题的人会轮流或通过某种选择流程来说明他们自己。直到有困难的人表示满意，或在经过若干不成功的尝试之后，接受问题暂时不可能得到解决的结果。

当然，这个过程是缓慢的，需要步入旅程的一个特定层面，甚至是一个次要的层面，但是即使"时间不够"，也毫无疑问不能"好像"在做，也不能若无其事当无事发生。而且，如果人们留下的印象仍是，所要处理的问题将会阻碍程序"前进"，换句话说，有更好的选择，那么所有解决问题和承认无知的努力将会化为乌有。这并不意味着一个人应持续地陷在同一个难题中，可以设立一个保障机制，例如将问题的解决限定为连续三次尝试，这可以让自己摆脱一个棘手的问题，但却没有忽视该问题。

因此，并不存在这样的区分：一边是"名副其实"的问题，非常理智，并被冠以浮夸的称号；另一边则是"白痴"的问题，源自无知、愚蠢和缺乏理解能力。这样的区分否认一般的问题，仅肯定那些经过深思熟虑的精致问题，这是不可容忍的。老师自己也不敢再有任何问题，即使是未经确认的问题。为什么他要身处那些无法预见陷阱也无法预见终点的冒险呢？这种类似于共同反思的练习，非常严格，在这种练习中，每个人都将拥有最低限度的谦卑，以及公然承认困难和错误的能力，拒绝无所不能，并接受在某种程度上依赖他人。由此，我们的想法将会呈现出勃勃生机。

6. 阐明选择

如我们在某种程度上所解释的，从一开始，课程就由学生和老师所承担的风险开始，他们冒着选择和判断的风险，这持续发生在整个练习中。通过反思他们的选择，通过阐述它们，知道他们必须辩论，甚至为它们辩护，以深入了解它们的内容，并验证它们的内容。学生所冒的风险不应该被低估。有时，有些人无法达成既定目标。他们会面临表达自己想法的风险、在同学面前说话的风险、在老师面前发言的风险、不能为自己的选择辩护的风险、害怕"做错"的风险，等等。对于老师来说，所冒的风险就是听到一些可能异常、令人不安甚至错误的选择和论点。但老师不能表示反对和担忧，同时必须继续质问这个学生或另一个学生，促进他的思考。有些老师也承认自己在这种情况下会很不耐烦，还表现出一定的忧虑——他们更喜欢"纠正"。

一般来说，课程会从一个问题开始。这个问题激发人们思考和判断，而不是依赖具体的知识或权威意见来验证答案的好坏、真实或虚假。关键在于产生思想，而不是提供正确或真正的答案——它仅仅要求表达清晰、与问题有关。这是一个可能让学生感到惊讶的要求，也许学生不习惯这类要求。因为，如果不存在对真理的需求，也会有其他的需求。答案是否回答了问题？它是否在逃避问题？它是否回答了另一个问题？答案是否清楚？这是否是论点所需要的最低限度的辩护？现在，必须要说出一个句子，而不应表达一个简单的同意或表达一个单词，目的是建立思想，而不是检查对课程内容的吸收程度。

缺乏即时的和可靠的认可，这种不确定性往往妨碍"学术"表现优异的学生。他们会觉得自己一事无成。他们会询问，且一再询问要做什么，不相信或难以相信他们只被要求思考，不必得出具体的、事先验证好的答案。涉及整个班级的讨论时，这些一丝不苟、勤奋的学生可能会受到老师的忽视，这种背叛剥夺了他们存在的安全感，剥夺了他们通常因服从要求而获得认可的舒适保障。即使"差等生"也会被这种程序所困扰，也会使他们无法明确自身的状态或身份，无论他们自愿与否。每个学生都必须在整个课堂的判断中去衡量自己，但是在讨论中他们要面对的是一个变化的、出乎意料的、不可预测的、不稳定的判断。即使发言采取更自由和自发的方式，比起服从老师毋庸置疑的权威，去面对这些不确定的判断总是意味着更多的危险。

因此，看似非常容易的东西却变得相当艰巨，对某些人来说尤其困难。但是，如我们所说，为了减少学生所冒的风险，这个练习往往以游戏的方式呈现，与另一个游戏相差无几，而且必须定期检查游戏性是否充分，替换掉那些比较严肃的部分。对于难以表达自己意见的孩子，关键在于耐心，应当时不时点名让他们发言，使他们不觉得受到排斥，即使他们很难表达成功，或者表述得很少。如果他们觉得自己被困住了，建议他们稍后再发言，要安抚他们的害羞。老师必须确保每个人都能完成最低限度的表达，确保话最多的学生不会压倒别人，这是任何讨论都可能反复出现的危险。而那些口头表达较费劲的人未必是最无趣的，也未必肤浅。

要回答有关知识的问题，学习一门课程，记住所学到的信息，这是先决要件。要阐述一个思想，会牵涉到我们自身的整体存在。在这个意义上，论述不再仅仅指向理论的和正式知识的问题，而是有关实践的经验知识，甚至有关我们对自身存在的理解，有关我们理解自身存在的能力。因为在做选择时，会运用到整个思想，因此，冒险阐述一个选择是进行思考的开端。因此，有必要使用我们获得的知识，通过阐述论点和进行可能的推理来证明初始命题是否合理，并尝试在下一阶段中回答问题和异议，即使这意味着重新审视原来的判断。这是一个根本性的决定，因为它呈现出思想的自由、真诚和勇敢的态度，还有对真理的追求或关注。

关于判断的最后一个重点是，它与我们的现实情况是一致的，因为知识通常是让我们日复一日做出选择的东西。因此，这样的实践可以将通常的现实经验应用于教学中，它不再局限于课堂、成绩的好坏和可预见的升学，而适用于主体和世界之间的关系，以及周围的世界、他所居住的世界。因此，关键在于处理存在于双重生活、双重语言、学校与街道之间、书本与房屋之间、教室与操场之间的分裂倾向。这样的落差与间距将大大缩减（如果它没有完全扼杀）老师的工作和孩子应该参加的教育过程。因此，在哲学练习中，学生将被引导做出选择，回答问题，分析自己和同学的选择，为这些选择做辩护，确定所引用的论据的有效性，甚至对各自的言论、反应和反应的行为做出判断。

这些都是关键性的决定，必须慢慢建构和检验，因为它们不仅辅助日常生活的运作，而且还构成了生活的实质和自我锻造的熔炉。而且，即使当前学校教育的重点在于思考问题、进行讨论，以及就具体的学科进行更直接的研究，参与这种哲学讨论也将会更有助于这一学科的应用，因为学生将被要求去应用他所学到的知识，发挥它的作用，并采取与之相关的立场。这是一种实践，而非充满许多严格规范的课堂作业。因此，任何人都不能让自己置身事外，因为游戏的规则要求他们投身于相关问题的研究中。生活回归学问，学问回归生活。

7. 质疑、辩论及深化

如果我们在讨论中要反复强调一个根本性的原则，那就是质疑——质疑对方，质疑自己，质疑所有陈述的一切。现在，有一条捷径可以发出质疑——"为什么？"这个句子充满了活力，能够激发人们思考，是思想和话语的开端，要求人们去进行证明和深化，让思想和话语变得更为充实。"为什么"与"因为"相对，意味着各种要求："什么原因让我们说出这些话？""在什么基础上我们说出这些话？""你怎么解释那句话？""这句话的目的是什么？""说那句话是什么意思？""这句话暗示了什么？"话的含义、它们的目的、说出这些话的人的正当性等，都受到质疑。可见，"为什么"这个强大的疑问词，会引发一个复杂的质疑过程，这要求我们从它单调、直白的表象中总结出一些特点，揭开它的奥秘，阐明它的起源，瞥见它的含义和后果。我们应该跟年轻人说这个"具有魔力的字眼"，以让他们看到"为什么"所包含的质问的力量和无数可能性吗？这个词能够展现语言的力量，提出问题的人只需要进行简短的解释，然而受到质问的人却往往会感到尴尬。

学生马上就会掌握"为什么"的含义，因为一旦向学生介绍过这个词，当他们想要提出一个问题时，他们就会急于反复使用它，无论错误与否，只因为这是一个简单的解决之道："你为什么这么说？"因为，"多少？""什么时候？""如何？""在哪里？""谁？""什么？""哪一个？"或"是吗？"这些问题都要求在使用时了解具体情况，并进行详细的阐述，相较之下"为什么"总是可以用简单的方式来表达，不需耗用太多的脑力。在某种程度上，如果这个问题遭到滥用，似乎会阻碍到工作进展，那么有效的办法是，暂时停止使用。如果问题问起来容易，回答起来可能更加困难。提问者也必须真正做一些功课，努力产生新的想法，提出与对话者相关的问题，而不是自以为找到了适用于任何场合的"万能诀窍"。

因此，质疑要求学生为自己的言论辩护，提供论据、推理和新的命题，在原则上，应支持最初的命题并深化其内容。从这个角度来看，应当限制使用一些经典的论证，这是因为，即使它们没有公开宣布也能起到权威准则的作用，特别是在课堂上的一些权威观点。因为，在哲学练习中，关键在于不再依赖老师、父母或任何书本来建立一个有价值的想法。并不是说要否定这些来源于权威的知识，并非如此，因为假装放弃它们是困难和徒然的，但是这些知识应当融入学生自主建立的知识框架中。从这个意义来说，学生才真正拥有了他所表达的东西，成为这些话语的"作者"，即使很明显会受到他人的某种影响。

对柏拉图来说，每个参与者通过提问而参与讨论，这是一条神秘的道路。关键在于追查某个特定思想的起源，验证它的内容，因为在这个起源中才能发现思想的真正意义，而不是在表面的现象中。而且，内部思想的再现过程恢复了思想的活力，使其能够从意见阶段移动到思想阶段。事实上，意见和思想的区别，在于产生它们的工作、围绕它们进行的工作是不同的。因此，根据我们使用的不同的阅读或分析方式，同一命题可被视为意见，也可被视为思想，这取决于解读的强度。

最后，对一个思想的因果性的探究也会及时提供给我们一些辅助性的思想，这些思想与最初的思想相关联，因而阐明了后者。在这种探究中如果出现矛盾和不协调之处，则需要我们进行研究和批评。不同观点之间的这种对抗和矛盾成为一个机会，我们可以调和这些矛盾，将冲突的意向转变为对真理的追求，我们也可以对作者当时仍然无意识的东西进行辨识，重做各种假设。面对众多的命题，理智必然会发现它的基础和因果统一性，或至少能够了解它的矛盾。

因此，提供论证以回应对原初陈述的质疑，这一初始工作很快变成了一种深化工作。这个论点实际上可以简化成一个暂定的托词，需要更为彻底的探索或检查。这使我们能够评估一个想法的正当性，但不是通过已经建立的某些标准，也不是通过官方、权威的判断，而是通过这个想法和它所处的知识结构之间的关系。但是，要实现这样一个计划，必须学会提问，这个练习本身就是一门艺术。虽然有些问题也许令人惊讶，但有助于工作且可引起深化；某些问题恰恰相反，它们紧闭大门，或绝不邀请概念的产生。

进行质疑时，我们要小心两种陷阱。一方面，有些问题难以理解，像是一门课，序言冗长且其中通常已包含了提问者所期望的答案，这使得发言者无所适从，因为他要么不理解这个问题，要么发现除了默许，提问者对他并无任何期待。另一方面，模糊的问题并没有要求任何具体的东西，没有什么启发力，比如："告诉我更多"或"你能更好地铺述吗"，这无法激发任何东西。

在工作的这个层面以及其他层面，老师可从学生身上学习，即学习多样性，因为很难预测什么样的问题在某个特殊情况下会比另外一个更有效——只有通过在"工作"上的经验,这种实践才会有所改善。尽管老师比较容易察觉某个词的盲点或矛盾,但他并不一定能找到适用于学生的话语,让学生意识到他的言论所产生的内部问题。这就是为什么全班都要被要求思考"作者"的命题,因为每个人都必须意识到,提供答案并不代表真正的工作,而是要提出适当的问题。

更重要的是,因为一个真正的问题不需要一个人提出自己的想法,这暗示工作的加倍——必须了解对方想要传达的想法,并成功地压制自己的观念和信念,把它们放到一边,以便与某人交谈来了解他的想法,而不是试图向他传达某种"良好的想法"或诱导某些内容。黑格尔说,内部批判是从内部质问一个论点,有别于外部批判,外部批判包括提出反对的论据和概念。质疑是生产,这意味着应该由受到质疑的人提出想法,而不是由提问者轮流提供。提问是产生一个可供呼吸的缺口,而不是把洞堵起来。

8. 论述的独特性

论述的独特性以某种原创性为前提,这构成了它的特殊性。然而,在班级讨论中听到的一切不一定都具有独创性的特征。

另外，在不排除答案有时让人出乎意料的情况下，我们提出这样一个假设，即独特性的关键在于个人独特地参与。提出一个想法，选择一个想法，实际就是去"占有"这个想法，让这个想法变得独特，变得个人化。因此，在练习的过程中，学生必须参与，无论是去创造一个想法，还是去建立与他人想法之间的联系；不仅在于是否认同这一事实，还在于所提出的论述的本质，其连贯性、逻辑性或正确性是自己的还是他人的。如我们所看到的，对于某种"先入之见"我们应该尽可能地解释、辩论、调整等。

无论一个问题有多抽象，若要根据这个问题确立自己的立场，这便意味着某种反思的行为、某种意识，这要求学生要做出努力，尤其对某些问题的努力要大过其他问题。因此学生必须自觉地进行个人选择，这在小班中不一定可以如此设置。要让这个行为发生，首先且最重要的是不要陷入第一个陷阱——本能地进行重复，这种情况在这个年代很常见。与其他人保持一致，无论是对老师还是学生而言都是一种诱惑和便捷的解决方案。迎合的本能在孩子中特别常见。迎合群体，这会降低孩子的恐惧，减少他的孤单，或者他不得不像其他人那样做。迎合老师，因为他是成年人，因为他是有知识的人，因为他必然是对的。之后，这会变成对错误的恐惧，这是黑格尔所说的"第一个错误"。

出于这个原因，在我们的练习中，老师至少在内容上甚至形式上，不应直白地表示认同或不认同，这也不能妨碍老师在其他时候履行本职，处理一些问题。至于同学之间的关系，为了确保避免机械重复，游戏的其中一条规则可以是禁止重复别人已经说过的话，否则就将面临象征性的"否定"或短暂的淘汰。我们有时会观察到某些学生使用不同的方式表达同一个答案，企图冒用某个已经被表达过的观点，但却不用受到游戏规则的惩罚。这本身就是一个有趣的机制。因为所有人都可以问这个"新"答案是否与前一个答案相同，或是否让一些概念获得了新意。老师可以随时询问全班"有没有人说过？"，要否决这位学生的回答，首先必须至少有一位学生指出这个答案与他人的答案相同——他必须解释这些答案是如何相似的，且最好指出，第一位提出类似答案的人是谁。如有疑问或异议，老师可以提出讨论并就该问题进行投票，每个人都可以投票，以解决争议。

不要重复；确保一个答案回答的正是所要回答的问题；确定问题是否是同一个问题，是否跟它所要提问的对象有关；找出每个提议的矛盾。这些各种各样的规则，包括许多不同的要求，要求每个人以他的判断来对讨论进行仲裁。这样的功能具有如下好处：它要求每个人都倾听并记住别人说的话，因为在任何时候学生都可以被要求来评估别人论述的合理性。任何分析、任何特定的个人解读所引发的想法都可能改变讨论的方向，因为这些论述是在相互作用中阐述的，彼此之间并不是不可渗透的——它们彼此相互证实有效或无效，彼此深化或成为他们共同的疑问。这将引出独特性的另一个层面——责任的原则，这也是练习的基础之一。

当然，任何讨论都意味着一定的责任感，即使一个人仅仅是对某个特定想法表达自发的见解。但我们禁止任意从一个主题跳到另一个主题，我们禁止根据个人的幻想从一个想法转移到另一个想法，但却没有建立任何关联。因为此时整个课堂仍然停留在当前的想法或主题上，尚未前进到另一个，为了确保讨论的顺利进行，每个人都应该对他人的想法负责任。无论是通过提问来说出尚未说出的话，还是提出正式的判断，或提出实质性的问题，我们都对提出想法的人和整个班级负有沉重的责任。不以自己为中心，优先思考同伴的想法，通过承担责任的方式，这是在用一种矛盾的方式提高思想的独特性。和自己保持距离意味着负责任，因为我们比以前更愿意倾听别人的意见，因为我们据此能够更好地回应别人。尽管如此，在这种责任之中依然存在着一种裂痕——在自我与他人之间、在个体与集体之间存在着紧张关系。

想法的独特性的另一个重要层面是：证明或解释。如果一个想法有一个共同和明显的意义，甚至是一个明显客观的意义，那么也可在作者或翻译者的思想和语言中找到非常特别的内容。尽管后者可能是不协调的，这时可以轻易将其去除。特别是某些明显荒诞的命题，或者某些奇怪的命题，经过一番解释或修改，会出乎意料地成形。某些具体词汇也会发生这样一种改变，它们并不固定，有时以一种奇怪的含义被使用，甚至与经典定义正好相反。在各种情况下，无论是否有违常理、不理解还是不充分，老师的角色都不要"纠正"不属于他的事，而要相信提出想法的人和进行讨论的团体，让他们注意这些问题，在特定的环节征求他们的意见，当然，老师也应避免远程投射引导"好"想法。他要相信这个班级，他会意识到，许多"理解错误"将自行改正，这种做法胜过由老师纠正一切，这虽然慢得多，但却是更有益的教学和更连贯的程序。

此外，未经同意，任何人都不能修改另一位参与者的提议。因为提出的每个命题或想法都已经被署名，使思想具有独特性。"我们"在这里没有权利。学生所提出的修改或解释建议，都必须被想法的持有者接受后才能写在黑板上。但是，班级可以通过投票表决、多数通过的方式来排除他们认为不适合的提案，例如，断章取义、自相矛盾或难以理解的提案。这是分配给整个班级的唯一角色——作为陪审团，可以批准或否决一种假说或一段分析，而讨论的主持人则没有这个权利。然而，必须明白一点，这种仲裁功能纯粹是务实的，班级的判断也有可能完全是错误的，在一群人之中，可能只有一个人是正确的。但我们必须承认，在课堂上，通常情况下整个班级在判断上会保持着相对的正确性，如果仅仅是出于实际的原因，在任何情况下，都足以参照班级的判断来做出决定。但是，我们必须对情况的重大变化保持开放态度，因此我们建议禁止那些被拒绝的提议，而不是将其删除。

9. 实质的关联

我们将从自己的角度来思考莱布尼茨的表述，因为他为我们确切指出了"普通"讨论与哲学讨论之间的区别。对这位作者来说，事物的现实或实质与其说存在于它们自身之中，不如说存在于它们与其他事物的关系中。区分一个实体，需要一个定义，对固定的、孤立的客体做出静态的分析，而掌握一个实体与一个或多个其他实体之间的关系，则要求我们进行"质疑"，这是一个更加活跃和动态的智力活动。这并不是说我们不需要进行定义，而是因为定义是附属于一系列情况的，这些情况的性质变化会改变和影响事物的意义，使之不再符合之前的定义。思想的工作就是检验一个观念或概念的抵抗力，把它们与起初看似陌生的东西揉搓在一起，从而揭示它们存在的基本限度。回到我们原来的话题，让我们假设一个原则，普通讨论和哲学讨论之间的关系依附于我们对两者关系的解释，对基础的、关键的关系的解释。这是因为对这种关系的解释，通过呈现出关系、调整关系，会改变我们原有的认识。

为了呈现得更加具体和明显，当我们将它融入我们的实践中时，让我们探讨这个过程的第一阶段：重述——作为倾听的检验工具。如果彼此对话的两人不相互倾听，我们如何进行讨论，甚至是哲学讨论呢？更重要的是，哲学交流的特点在于，从众多论点的连续性和一致性中发现思想的关键结构。"脱掉你的衬衫，加入混战！"柏拉图说。混战的目的不是为了知道谁占上风，而是为了检验思想和思想之间的关系。受到挑战的从来不是词汇及其存在，而是它们的使用或功能，即它们与其他词汇的偶然关联，以及它们在理论上从属的最终目的。

重述意味着，相关的人就其讨论的对象或其分歧的性质达成一致，这是进行真正讨论的条件，代表了"联系"的开始，我们尝试将建立联系作为讨论的一条原则。如我们刚刚所定义的，重述是一种理智的联系，也是一种心理上的联系——与对话者建立起最低限度的同理心。事实上，要平稳地重述，并寻求伙伴对言论总结的认同，这要求我们不仅要以简化、还原的方式来解读，而且还要防止夸张和讽刺，最重要的是，它要求人们清楚区分听到的论点和自己对此的理解，区分各种细微差别，区分更正意见或反对意见，以回应和发展听到的陈述。对于那些听到自己的观点被重述的人，这样的练习迫使他听到他的听众所听到的东西，这种经验并非人人都有。因为，听到我们自己的想法被别人说出来，这件事可能本身就是相当痛苦的经验，尽管只是因为它迫使我们更加客观地重新思考我们的言论，也思考所有的批判。

我们往往对充当镜子的人感到一定的愤怒，这增加了我们的焦虑。另一方面，我们的听众不是一台录音机，他们尽可能地用自己的话翻译和总结。于是我们必须辨别出本质与附属，暂时封存我们自己思想的"重要性"和我们想说或想补充的一切，以便能够承认这些外来的词语与我们的词语相符。这样的判断是微妙的，它必须评估两个表述之间的适当性——如果没有一定的思想自由及相伴随的严谨，它将是不可能实现的。但如果一个人能够从容应对，则重述能使我们更好地了解我们的想法所包含的东西，并且认识到它们的弱点和局限。

如我们所看到的，实质性的关系也包含了论述的统一性，这种超越性的统一不一定会表现出来，它以浓缩的形式包含我们思想的内容、摘要或意图，是一个简化的命题，它的形式和要旨我们却常常看不出来。一旦被表述出来，阐明这个根本的统一性甚至可能会让我们感到吃惊或受辱。它是产生和统一我们例证的原则，是著名的"这就像当……"的前因，在孩子之中十分流行，甚至在成人当中也是如此。

这种联系的明确建立需要应用到关键字或概念或精选的术语，以撷取贴切的意义使话语生效。要做到这一点，有必要在言论简洁的艺术上努力。因此，发言者可能被要求建立一个简单的命题，以单独的一个句子来概括他试图以多个句子来表达的内容，而多个句子的纠缠通常不是显现真义，而是掩盖真义。这个句子将被记在黑板上，作为一个特定思想的独家见证。然而，如果学生无法应对这个挑战，寻求同学来协助完成他的任务，我们不应感到惊讶。有必要定期对最初言论的某些关键方面进行调整，以成功地实现这一目标——从我们的论述变得更加明确的那一刻起，我们往往发现自己有义务改变它的用词。

因此，实质的关系就是论述的统一，也是两个或更多论述的统一，即对话形成的条件概率。当然，因为词语有着不同的出处，它们可能存在矛盾和冲突，单独的词语必然受到统一性的约束，可多位作者却没有达成任何共识的义务。但讨论的要求暗示了某种统一，即对象上的统一。因此，最重要的是，尽管表达形式各不相同，主体进行思考的角度或观点形形色色，但若缺乏某些共同的意义，我们将发现自己会陷入荒谬、唯我论和某种聋哑对话之中。同时，由于这个共同的对象，我们将发现概念上的差异以及它们背后的世界观，这将使我们评估并表明讨论的意义。柏拉图提出"关于相同和相异的辩证法"：讨论的对象，在何种意义上是相同或不同的？一个简单的句子，一个始终看似必要的命题，会自然地作为质疑的声音出现。而一个提出问题的提议，则常以疑问、矛盾或悖论的形式出现。

我们在这里找到了相同的需求——简洁的艺术，但为了理解两个命题之间的对立，我们必须发现在一开始的命题中没有被自觉表达出来的一个或多个矛盾。同理，我们必须在单一的论述中挖掘才能捕捉到它的真义和意图，才能产生新的概念和简单的命题，我们必须进行某种程度的深化工作，以捕捉和阐明两个言论的矛盾与对立之处。令人惊讶的是，我们会不断发现，被认为相互矛盾的言论几乎不会被加以解释，只会在某种语义或其他微妙之处进行争论，而那些声称"走向相同方向"的人则保持一种毫无理由的和谐错觉。

10. 对心的思考

在《纯粹理性批判》中，康德区分了两种概念：从经验中得出的经验概念以及从理性中衍生出来的纯粹概念。因此，"人"的概念有很大程度源自经验，而"矛盾"的概念则是由理性产生的。或许可通过具体的人体感官来感知人、事、物，但却不能通过这些感官察觉到矛盾，后者的概念只涉及理智上的问题而非感官上的问题，因此主要涉及分析和综合的工作。对我们来说，哲学工作似乎必然倾向于概念的产生，它是经验上的概念，但也是纯粹的理性概念。如前文所探讨的，这是一个抽象化的过程。但是我们想要回到这些纯粹概念的产生上来，通过这些概念，思想才逐渐意识到其自身和功能。为了进入元反思的过程，一个想法必须定期从自身中抽离出来，反观自身。

这个过程最明显的方面从很早的时候就存在于我们的直觉，我们称之为逻辑直觉。尽管童年的特点是对这个世界具有奇妙的想象，认为在这个世界中什么事都可能发生，没有事可以令人感到惊奇，但是在童年时期，心灵也开始一点点理解"事物的秩序"。通过一个联想过程，理性、物体、存在和现象之旅的序幕被连在一起。不同的联系被建立，它们慢慢变成空间、时间、因果关系、逻辑、语言和存在的结构，伴随着这个固定不变的世界观所暗含的烦琐和僵化。

但这些联系也是理性出现的必要条件。理性就是知道或认识事物的现实，理解它并因此可预见它。如果没有东西是可预见的，如果没有东西是可识别的，我们的理性就会变得毫无用处。这解释了当一件事超越了我们理性的界限和期望时我们会很惊讶。

我们所说的转变是心的转变，起初对心来说，任何事都有可能，随后心慢慢区别出可能和不可能的事，以及"介乎两者之间"的事——与某一特定条件相关就会变为可能，这便是逻辑思想的基础："如果事情这样，则会变成那样"，或"如果一方面是这样，另一方面是那样，则事情将变成……"，这就是古典三段论的基础。

第十章
哲学练习的规则

哲学练习，无论是通过讨论还是通过其他方式进行，都邀请理性对自己进行双重工作：一个工作是始终坚持询问、问题化与分析；另一个工作是观察自己的运作及辨别运作的机制，无论是产生思想的机制，还是放慢思维、偏离或打断反思的机制。这两个层面的工作是相互促进的，因为对思想限度的感知有助于掌握思考过程的确切性质，且对思考过程的辨识有可能修改或超越思想的限度。因此，元反思的工作可以让思想进步。

这正是某些老师所提出的问题，这些老师告诉我们"我不知道怎么回答学生的问题"或"这是在兜圈子，我不知道如何推进讨论"，也就是，该如何推进思想前进的问题。解决办法既不是为学生提供现成的答案，也不是简单提供一条"拯救"的途径，而是要邀请他们每个人去观察自己的思维运作、观点、矛盾和意义的转变，等等。只需通过某些小的方法规则来指定每个反思时刻的作用和目的。

这个过程的第一个层面在于意识到我们的言论和行为的本质，并知道如何对这些词语进行分类，且需要了解我们使用的词语的形式或最终指向。我们是在提出一个问题、提出一个新想法、回应反对意见或提供反对意见、展示或证明一个想法、争论或质疑、提出例证或概念化说明、报告事实还是在解释它们？在这里，我们关心的是"我想说点什么……这让我想到……我希望补充……"，或只是强制性地反复说出"是的，但……",所有这些都传达出进行"评论""辨明细微差别""补充""回应"或"具体说明"的欲望,但当这些经过确认之后,并没有多大意义,或很模糊,或与它们想表达的意思相去甚远。

我们提出的分析类型首先要求辨识发言的意图,因为对发言者来说,往往被感受到的只是"言语冲动",这种冲动出现在发言者心中,要求他尽快提出某些相关的见解,但其性质和作用却并不为人所知。这种无知,对一些发言困难,比如某些结结巴巴的表达、自我否决和矛盾做出了解释。要意识到自己想说什么,意味着必须以最终意图为权威,使语言表达变得有效和平顺,这将让自己以更好的方式建构自己的思想,尽管在前几次的尝试中,分类或定义似乎使我们的话语更加混乱。表达自己,同时观察自己,这可能听起来像是一种分裂的感觉,起初经历这种分裂将加重工作的负担,但渐渐地,这种贯通"内""外"的能力将澄清对自我的了解,促进思想及其表达的发展。

"说话就是思考",黑格尔如此说,他指明如果不用概念强化思想,会徒然相信思考是种错觉。意图、感觉、印象、直觉,如此多的不恰当、不足和具有欺骗性的思想形式,都是没有意识到自己的思想。当然,这个假设和所有的假设一样,知道它的局限,但也知道它的用处。要知道一个人所说的事,必须重述这个人所说的事,表明这个人的意图,定义他的形式,阐明跟之前所说的事的关系。然而，如同整个练习，这不是关于"假设""反对""抽象""基本"或这类术语词汇的工作，虽然并不排除在其他时候这么做。

不是要去知道它，而是要知道如何做；不是要去知道某件东西，而是要去使用它。我们的工作首先是确保学生能够自己思考自己的想法，即试图说明自己的论述的性质。从某种意义上说，无论他使用什么词汇，都是他最初的、近似的、不寻常的表达，或他在实践中获得的、更精确或更习惯的东西。重要的是解除他和自身话语之间的直接关联，挖掘一个缺口，装入一种气息，从隐晦到明确，从而使学生从自身中抽离出来，将自己的思想作为研究的对象。帕斯卡尔说我们的观点就是真理，这需要我们了解，我们的观点究竟意味着什么，同时，我们的观点的真相并不总在我们所想的地方。让我们尝试更接近它。

第十一章
哲学咨询

哲学咨询,在法国鲜有人知,但在荷兰、西班牙、意大利和美国较为常见。哲学咨询的方法十分多样,这取决于设计和应用这些方法的实践者。在本文中,我们将讨论我们在这个领域多年来一直在工作中所使用的概念和方法。

1. 原则

哲学的自然主义

近年来,一股新风潮似乎吹到了哲学领域。它企图通过各种形式,将哲学从其纯粹的学术架构中连根拔起,其中历史的观点仍然发挥了主要的作用。对于这种倾向,人们褒贬不一,对有些人来说,它是必要且重要的新鲜空气。对其他人来说,这是一种粗俗和平庸的背叛,与其相配的是一个平庸的时代。在这种"新奇"的哲学思潮中,出现了"哲学不局限于学术和论述、哲

第十一章
哲学咨询

学也是一种实践"的新想法。当然,这种观点并不是真正的创新,因为它代表的是回归哲学的原始关注,以及哲学这个词语所阐述的对智慧的追求,尽管哲学的这个维度已被"学术"层面掩盖了好几个世纪。

然而,尽管已经了解到哲学的实践层面,但是,与古希腊时代相比,我们这个时代在文化、心理、社会和其他诸方面发生了深刻变化,这从根本上改变了问题。永恒的哲学(Philosophia Perennis)有责任讲述历史,它的不朽很难避免社会的有限性,而后者构成了它的问题和意义。因此,哲学实践就像哲学学说,必须符合特定的时间和场合,根据问题所属的社会环境,进行新的阐释,即使最终仍然会回归到数量有限的主要问题上来,因为这些问题自古以来就构成了所有哲学类型的思考根基,无论采取了怎样的外在形式。

我们在这里讨论的哲学自然主义是争论的核心,因为它批判哲学在历史和地理层面的特殊性。它假设哲学的出现不是一个特定的事件,因为哲学的生机蕴含在人类的心灵中,哲学刻画人的灵魂,即使它像任何科学或知识,在某些时刻和某些地方似乎更具决定性、更明确、更有利、更重要。身为人类,我们共有一个世界——尽管无穷的表象会严重破坏这种一致性,且我们有共同的形态和性质——尽管文化相对主义和个体相对主义会否认这种一致性,但是我们还是应该能找到,至少能初

233

步找到构成"历史"思想架构的一定数量的知识原型,至少可找到它的某些要素。

毕竟,思想的力量建立在可操作性和普遍性上,每一个伟大的想法都应该在我们每个人身上找到。从另一角度看,这不就是柏拉图的"回忆"学说么?哲学实践可以唤醒每个人,让我们知道自我内心存在的思想世界,如艺术实践把每个人都唤醒进而发觉我们内心的形式世界,这种内心的形式因人而异,有着丰富的可能性,而不是每个人都成为康德或伦勃朗。

双重要求

为了更好地理解我们在这里所要探讨的方法,我们将抛弃两个具体且普遍的偏见:第一个偏见是认为哲学实践以及哲学讨论只适合于有学问的精英,哲学咨询也是如此;第二个偏见不同于第一个,但是是对它的自然补充,第二个偏见认为哲学事实上属于学术精英,所以哲学咨询不可能是哲学的,因为它开放给所有人。这两个偏见传达出同一种断裂——我们需要同时表明:哲学实践是向所有人开放的,且哲学实践有别于单纯的讨论,有其特定的要求。另外,我们必须把我们的活动(即哲学实践)与心理或精神分析的实践区分开来,我们不能将它们合并在一起。

前几个步骤

"你为什么在这里?"这个开头的问题是第一个且最自然的问题,因为一个人永远要向别人询问这个问题,但不会询问自己。不幸的是,任何负责哲学入门课程的老师都不会以这样天真的问题开始他的一个学年。通过这个简单的练习,多年来习惯了学校常规教育的学生,从一开始就能抓住这个奇怪问题的关键,这个问题询问了最明显的事实;而回答这个问题的难度,以及众多可能的答案,很快就会揭示出这个问题明显的平庸性。有鉴于此,一定不能满足于从嘴里吐出的这些空洞的回答,而选择不去思考。

在咨询期间,许多人给出的第一个答案都是类似的:"因为我对哲学所知不多""因为我对哲学感兴趣,想知道更多"或者"因为我想知道哲学家说了什么,或哲学说了什么,关于……",提问必须毫不拖延地继续下去,揭示这些企图回答时未被承认的假设,而不是说那些无关答复的东西。这个过程将会揭示出接受咨询的人的想法,无论是关于哲学的还是其他主题的,由此他将适当地参与到这项实践中。不同于精神分析,并不是必须要知道他思想的"实质",而是因为这是一个关于假设的探险,我们要探讨这些假设。

保持距离很重要,这基于跟我们的工作基础密切相关的两个原因。第一个原因是,真诚或主观的"忠于自我"并不能帮助我们追求真理，甚至可能完全相反；原因在于嫉妒往往阻挠理性。从这个观点来看，学生是否坚守想法并不重要。我们经常听到这样的话："我不确定我在说什么（或我将要说什么）。"但人们想要确定什么呢？正是这种不确定性促使我们测试我们的想法，而确定性会抑制这样的一个过程。第二个原因很接近第一个原因，它主张与自己的思想保持距离，是进行反思、开展概念化工作的必要条件。这两种状况并不会阻止学生大胆地提出准确的想法，实际上他会更自由地去冒险。科学家将更容易讨论那些并非与自我密不可分的想法，尽管有一些想法能够取悦他，或比其他想法更适合他。

"你为什么在这里？"等同于询问"发生了什么问题？""发生了什么事？"，也就是询问促成会面的动机，即使这个动机一开始并不清楚或未被意识到。因此，问题在于进行辨识工作。一旦假设被表达出来且有所发展（直接陈述或通过发问），提问者就会重述他所听到的内容。一般来说，学生会对这种重述在一开始表示出拒绝或冷漠的接受："这不是我所说的。我不是这个意思。"于是我们会提议让他分析他不喜欢重述的哪些地方或纠正他自己的发言。然而，学生必须一开始澄清重述是否因为改变了内容的性质而背叛了他的言论（这是有可能的，因为提问者并不是完美的人），是否这种背叛只是意味着在光天化日之下揭露了他不敢看到和承认的内容。在这里，我们看到与他人对话在哲学层面的巨大作用：只要一个人接受困难的"权衡"话语的练习，听众就会变成一面无情的镜子，让我们回归自我。回声的出现总是意味着我们所不知道的风险。

当一开始表达的东西由于混乱或缺乏明确性而似乎无法重述时，提问者可以毫不犹豫地要求学生重复他所说过的话，或以其他方式表达。如果解释太长，或成为"宣泄发言"（过度联想且不受控制）的借口，提问者可以毫不犹豫地打断他："我不确定我明白你在说什么。我不太明白你所说的意思。"然后，他将提出下列建议："用一句话告诉我你认为什么是至关重要的。如果你只能对我说一句话，那句话是什么？"这一定会表现出学生做这项练习的困难，尤其是他刚刚表现出他无法说出一个清晰且简洁的句子。但在承认这个困难的同时，也开始了与哲学有关的意识。

神秘回归与进行区分

一旦最初的假设得到了某种澄清，我们便会知道学生前来咨询的目的，知道他对哲学的理解程度和他关心的其他问题。现在是时候展开柏拉图著作中所描述的"神秘回归"的过程了。我们称一部分为"溯源"，另一部分为"区分"。我们一开始要求学生对他的假设进行说明，要求他证明他的选择是合理的。一个方式是通过"溯源"："为什么这样表述？这个想法的重点是什么呢？"另一个方式是通过"区分"："各种表达的最重要元素是什么？"或者"你的句子中的关键词是什么？"我们将结合这两种方式进行面谈。

学生往往试图摆脱这个阶段的讨论，而躲在环境相对主义或无差别的多样性之中，以求获得庇护："这取决于……有很多原因……所有的文字或想法都很重要。"去做出选择，强迫自己理清思路，辨认出我们思想的出发点、重复的地方、连贯的地方和我们思想的预设，然后对它们进行检定。经历了几个阶段（溯源和区分）之后，我们的心中会出现思想的框架，借此我们能清晰地看到这个想法的核心基础和具体阐述。同时，通过学生设定的等级结构，术语和概念将会具有更加鲜明的意义，这使得词汇不再是一个无差别的整体，不再因为乱成一团而失去各自的特殊意义。将想法彼此分开，学生便能意识到他区分的概念。

当然，在这里，提问者有一个重要的作用，就是强调刚刚所说的话，提醒学生注意到自己做出的选择及其影响。他甚至可以坚持询问学生是否完全遵循了他刚刚所做的选择。但是，他必须避免评论，即使这意味着提出某些补充问题，即使他看到刚刚所阐述的东西有问题或有不一致之处。关键是让学生自由地评价自己的立场，窥见他的思想和思想本身隐藏的东西。

这会慢慢让学生摆脱表象和中立感所带来的幻觉，这是阐述批判性观点的一个必要前提，无论批判的对象是普遍的观点，还是自己的观点。

思考不能思考的

一旦确定了具体的锚点、问题或概念，接下来应采取一种相反的视角。这就是我们称为"思考不能思考的"练习。无论学生确定他的反思的主要锚点或主题是什么，我们都要求他制定和发展相反的假说："如果你要批判并反对你的假说，你会怎么做？对你内心深处的论题，你知道的或你能想出的最恰当的反对意见是什么？你的想法有哪些局限？"无论爱情、自由、幸福、身体或别的东西，都可以是学生的思考基础或重要的参考对象，在大多数情况下，他会觉得无法做出这样智识上的逆转，思考这种"不可能"会让他如陷深渊。有时候他的内心会如此呼喊："我不会！"或者"这是不可能的！"

在这个咬紧牙关的时刻，最重要的是训练学生的心理素质和概念化的能力。邀请学生思考不能思考的事情，邀请学生分析和比较，尤其是去沉思，而不是将有关知识和存在的这个或那个假说视为理所当然的或无可辩驳的。然后，学生将意识到自己过去没有感知到的思想的僵化。"但一个人可能再也不相信任何东西了！"他会感叹。至少在练习中，在很短的时间内，他会怀疑相反的假说及对立的"信念"是否同样能站得住脚。令人惊讶的是，一旦他冒险采取这个相反的假说，他会意识到，这个相反的假说比他先前的想法具有更多的含义，并且能阐明他最初的假说，从而可以帮助他更好地理解自身想法的性质和限制。这种经验使人们看到并触碰到思想的自由维度，因为它质疑那些让人无意识感到紧张的想法，可让人与自己保持距离，分析自己的思维方式——关于思维的形式和实质，然后将自己存在的意义概念化。

下到底层

为了得到结论，学生将被要求总结讨论的重要部分，以检视和归纳重点。这是对整个练习的一种总结和反馈："这里发生了什么？"面谈的最后一部分也被称为"下到底层"，因为概念化的分析与"底层"的经验是对立的。从这个更高的视角来看，挑战在于分析练习的过程，评估意义，摆脱喧嚣的活动和叙事的线索，借此理解咨询的关键部分和对话中观点的改变。学生对他的思想展开超越话语的探索。这个时刻是重要的，因为在这里他会突然意识到与哲学实践有内在联系的人类精神的双重功能（内部和外部）。它允许出现无限的观点，使学生能够辩证地看待自己的存在，自由地进行思考。

第十一章
哲学咨询

它是哲学吗?

我们通过这些练习试图完成什么？它们为什么是哲学的？哲学咨询与精神分析的咨询有什么不同？如前文所说，三个具体的标准规定了这种哲学实践：辨识、问题化和概念化。（让我们再提出一个重要的标准：距离，但我们不能把它作为第四个标准，因为它隐含在其他三个标准之中。）从某种意义来说，这三个标准说明了写一篇"论文"所需要符合的要求。就后者来说，对于给定的主题，无论有没有权威的帮助，学生必须表达某些想法，检验这些想法，提出一个或多个普遍的问题。唯一重要的区别在于选择需要处理的主题：在这里，学生选择自己的研究对象——实际上学生既是研究的主体，也是研究的对象，这增大了反思的触及范围，或许会使这个主题的哲学处理更加细腻。

哲学练习不等于心理分析。我们应当注意到，有些人致力于将哲学练习"心理学化"，对此有一些反对意见。一方面，因为学生的倾向性很强——当面对一位专心倾听的对话者时，他不会限制自己的感受，尤其是当他已经参加过心理类型的咨询。然而，他将会在哲学练习中因为被打断而感到沮丧，包括必须对自己的想法做出批判性判断，必须区别他的各种命题，等等。如此多的义务是"游戏"的一部分，是游戏的要求和考验。另一方面，由于各种原因，哲学往往忽视个人的主观性，专注于抽象的普遍性及无实体的概念。一种极端的谦虚，甚至是极端的拘谨，使得哲学人士害怕公众舆论到了想要忽视它的程度，而不是在公众意见中看到对所有事物进行哲学探讨的起点——无论这种意见是普通人还是专家的观点，因为专家也是这种"病态"和致命观点的受害者。

因此，我们的练习首先在于学生内心的辨识，通过他的观点来辨识他所依据但未被承认的预设。这需要学生进行定义、挖掘思想的出发点。其次，应设想这些预设的对立面，以将无可争议的前提假设转化为简单的假说。再次，通过辨识后成形的概念来阐述产生的问题。在这个最后的步骤（如果较早感受到它的效用，可以在较早的步骤中），提问者可以使用一些"经典"的哲学问题，引述一些权威的理论，改善或更好地识别在面谈过程中出现的问题。

当然，一个人是否可以像重塑数学或语言的历史一样重新塑造整个哲学史，这是值得怀疑的一件事。此外，为什么我们要对过去视而不见？我们永远是站在巨人肩膀上的侏儒。难道我们应该借口腿短或残疾而不敢尝试体操，只能崇拜和观赏运动员吗？难道我们应该借口我们缺乏艺术天分，而不敢手捧黏土，进行工艺创造，只能前往卢浮宫瞻仰天才的作品吗？如果我们模仿他们，是对"伟大"的不敬吗？难道这不也是对他们的一种尊敬，就像我们欣赏和引用他们的经典名言？最后，他们难道没有嘱咐我们要独立思考吗？

2. 困难

我们的方法主要受到苏格拉底"精神助产术"的启发，在这种方法中，哲学家提出问题询问对话者，邀请他辨识自身言论的重点，通过区别关键词而进行概念化，通过批判性观点来进行质疑，让自身言论的含义具有普遍性。相较之下，这种做法明确要求学生摆脱纯粹的感觉，促使他对自己的言论和自己本身进行理性的分析，以此审视认知和存在的意义。这是我们一开始必须明确的目标。这种非自然的活动要求学生与自己保持距离，这需要专家的协助，过程中可能遭遇若干难题，我们在这里将尝试分析这些困难。

挫折

除了对哲学实践的兴趣，在哲学咨询和小组反思研讨期间，学生经常表现出消极情绪（至少是暂时地表现出来），这是种挫折感。第一是遭到打断的挫折感：由于哲学对话不是放松的或欢乐的，因此如果论点不为人理解、言论冗长，或忽视对话者，那么都会被打断；如果论点没有融入对话，那么它对面谈就毫无用处，在练习之中也没有立足之地。第二是与严厉有关的挫折感：学生要做的是分析言论，而不单是发表言论，我们所说的一切都可以用来"反对我们"。第三是害怕缓慢所引起的挫折感：问题不在于言语上的激怒和冲撞，我们不应该害怕沉默，也不应该害怕滞留在某个已知的词语上，应当充分理解这个词语的要旨，努力实现双重意义的理解——去把握它，也去敬畏它。第四是对背叛的挫折感，这又是个双重意义的名词：背叛我们原初的设想，它揭示出我们不想说的东西或不知道的东西；背离我们表达的意图，它未说出我们想要表达的意义。第五是对存在的挫折感：我们不是我们想成为的人，不是我们所相信的人，我们过去维护的虚假真理将被剥夺，关于我们自己、我们的存在、我们认知的真理，都可能是错觉。无论我们是否意识到，有时这将持续非常久。

这种多重挫折，往往是很痛苦的，学生并不总能清楚地表达出来。如果他有些情绪化、敏感或不愿意分析，他会毫不犹豫地谩骂审查的方式，甚至感到郁闷。他会说"你阻止我说话"，然后长时间地沉默，没有言语，会不时打断一成不变而又不知所云的发言，或者说"你想要我说出你想要的东西"。然而在每个问题上，学生都可以回答适合他的东西，只是需要冒着产生新问题的风险。一开始，挫折往往让学生感到耻辱，然而，当这种挫折得到清晰的解释，它就可能成为自己的对象；挫折让进行表达的学生意识到他自己，就像观察一个外在于他的角色。在这样的观察的基础上，他变得能够反思，通过试验来分析自己的存在，更好地了解自己的知性能力，然后他就可以干预自己的存在和思想。可以确定的是，在这个时刻或在某个时刻，这会充满心理色彩，这是难以避免的，但却不会持续太长时间，因为我们将迅速转移到随后的哲学阶段，通过批判性视角，试图界定一些重要的问题。

我们的工作假设正好是确定主体性的某些要素（这些可称为观点、知识观点和情感观点），以便采取相反的立场并体验"其他"的思想。没有它，我们如何自觉地、有意识地放弃对思想进行制约或预先的决定？如何摆脱病态和纯粹的感觉？而且，学生可能没有能力执行这项工作，甚至没有能力思考，因为缺乏距离感、自主性，因为没有安全感，或由于某种强烈的焦虑。正如运动的实践需要具备最低限度的体能，对于哲学的实践，因为其困难和要求，需要具备最低限度的心理素质，否则我们就不能工作。

练习必须在应有的宁静环境中进行，且要具备这种宁静所要求的各种先决条件。学生太脆弱或太过于感性都会阻碍这一进程。从我们确定的工作方式来看，这种脆弱、敏感的问题不在我们的范围之内，而在心理学家或精神病学家的范围内。如果我们只是停留在哲学讨论，便不能触及问题的根源，我们只能注意到这些问题并产生结论。如果学生不能完成这个练习，即使他觉得有必要反思自己，我们也会鼓励他转向心理咨询，或至少转向其他类型的哲学实践，即"流动性"较高的哲学实践活动。

最后，就我们而言，尽管心理学的作用范围是有限的，但是心理上的问题是没有办法避免的，这是因为，学生的主观状态不应该被视为"稻草人"①，错误地成为攻击、批判的对象，即使某种相当学术的哲学方法将这种存在心理问题的个体现实视为哲学的障碍。拘谨且心寒的哲学家害怕产生摩擦后，哲学活动所需要的距离感将因此消失，而我们则选择让它出现。

开场白

在我们的实践中，有一个层面对于学生而言是很困难的，这就是我们试图建立的与言论的关系。事实上，一方面，我们要求学生尊崇语言，把言论神圣化，因为我们会仔细衡量他所使用的最不重要的字词，因为我们会从内部挖掘学生使用的表达和提出的论据，使他们有时无法辨认这些言论的作者究竟是谁，这使得学生不时尖叫且愤怒，因为看到他们的用词如此任

---

① 稻草人谬误是一种错误的论证方式。它指在论辩中有意或无意地歪曲理解论敌的立场和观点，以便能够更容易地攻击论敌，或者回避论敌较强的论证而攻击其较弱的论证。这类似很多文化中制作人偶进行诅咒攻击的巫术信仰。——编者注

人摆布。另一方面，我们又要求学生让言论失去神圣色彩，因为整个练习只是由文字组成的，无论它的真实性和真理性如何——它只是一个玩弄思想的问题，没有必要坚持所说的话。只有连贯性在语言之中反映出来的回声，才使我们感兴趣。这种心理剪影会慢慢地、不知不觉地浮现出来。我们同时要求学生玩一个简单的游戏，这个游戏意味着拉远学生与他认为是真实的东西的距离，同时要求他比往常更认真、更努力、更投入地整合词语，来建构他的论述并进行分析。

在这里，真相戴上了面具。它不再是意图的真相，不再意味着真诚和"忠于自我"，它是一个要求。这个要求强迫学生做出选择，承担言辞上的矛盾，即使这意味着，他们必须进行激烈的正面逆转，必须突然行动，拒绝理解和决定，即使这意味着学生将要在许多裂缝之前保持沉默，这些裂缝将使他们设想最严重的深渊、自我的裂缝和存在的裂口。在这里，提问者和学生都不需要别的品质，而只需要警察和侦探的品质，这要求他们能够追踪言语和行为的最轻微的失误，要求他们解释每个行为、地点和情况。

当然，我们可能误会讨论已经改变，但这仍然是提问者的特权，这是他不可否认的权力，也显示出他缺乏中立性的事实，尽管他在这点上非常努力。在学生的分析和他提出的想法中，学生也有可能被"误导"，受到必须回答的问题的影响，被他希望捍卫的信念蒙蔽双眼，被他已经相信且无法质疑的偏见引导——"过度解释""错误解读"或"解读不足"比比皆是。不管这些错误是昭然若揭的，还是尚未明确的，重要的是学生必须保持警觉，去观察、分析和觉察。他的反应方式、对问题的处理方式、他的回应方式、他所说出的想法、与自己的关系以及与练习的关系，这些都必须成为分析和概念化的前言。换句话说，在这里犯错没有什么太大的意义，这只是玩游戏、练习思想体操。重要的只是"看"和"不看"、"意识"和"无意识"，没有所谓的好答案和坏答案，但有"看到答案"，即使这里存在欺骗，也只是在词语使用上不够准确，在意义的表达上存在偏差。这无关星空般遥远的绝对真理，也无关从个人的潜意识中浮现出的真诚自我。然而，词语总是忠于自身，有其固定的意义，这是一个更要紧的、更难改变的"真相"。这是因为，违背之后，语言秩序遭到破坏，我们将面对一个眼花缭乱、难以指称的世界。

痛苦与麻醉药

学生很快就意识到这种情况，因此心中可能会产生恐慌。为此，注射各种"麻醉药"以顺利生产是非常重要的。第一，最重要、最困难也是最微妙的，仍然是提问者不可或缺的机敏性。提问者必须知道什么时候适合进行质问，什么时候该继续，什么时候该说话或提议而不是质疑,什么时候该在严厉和宽和之间转换。做出这些判断是不易的,因为我们很容易被自己的冲动和欲望带着走到尽头,到达某个疲惫、绝望及有其他个人倾向的地方。

第二是幽默和欢笑,这能提高练习的趣味性。它们能够营造一种"算了吧,随它去吧"的气氛,让个人从存在的戏剧中摆脱出来,当他并没有感到最明显的矛盾时,可以不痛苦地观察他有时受到的嘲讽。笑声释放紧张,否则在这个极具破坏性的实践中,学生可能会完全陷入紧张情绪中。

第三是重复,这可让学生从原有的状态中抽离出来,把自己视为第三方。当分析自己的论述遭遇困难时,当判断遇到难以承受的问题时,将研究的案例转换为第三人称的视角,是有用且有趣的,可邀请学生设想一部电影、小说,以寓言的形式来听他自己的故事。"假设你读了一则故事,故事是说……""假设你遇见某个人,而你对此人所知道的就是……"这种简单的叙事可让学生忘记或以相对的方式处理他的意图、欲望、意志、错觉和幻想,处理讨论中产生的言论,让学生能够揭露自我,不会由于阴沉的怀疑或不足的指控和背叛,永久地抹除自己的想法。

第四是概念化、抽象化。把那些被认为是困境或纯粹个人问题的东西普遍化,对它们进行质疑,进行辩证,随着知性活动的开始，痛苦会逐渐消失。哲学活动本身就是一种冥想放松的方法，是一种"安慰"。它被古人例如波伊提乌斯、塞内卡、伊壁鸠鲁或较近期的蒙田都如此认为。它是一种止痛药，使我们思考与人类生存有着内在联系的痛苦，特别是我们自己的痛苦。

3. 练习

建立关联

某些额外的练习对反思非常有用，例如关联的练习。这种方法可以让话语摆脱其"意识流"的层面，后者通过自由联想发挥作用，将思想的阐述和衔接抛入无意识的黑暗。关联是更为基本的概念，因为它深深触及存在，连结不同的层面、不同的领域。莱布尼兹说这是一个"实质性的联系"。"你在这里说的事和你在那里说的事有什么关联？"这个质问除了揭示出矛盾外，也揭示了论证的断裂和跳跃之处，显示出思想的节点和盲点，关于这些问题的有意识的表达将让话语和学生的精神达成紧密的合作。这个练习是"神秘解释"法的一种形式，它可以返回统一，确定锚点，更新学生思想的出发点，即使后来可能会批判这种统一，即使有必要修改这个锚点。它可以建立一种概念图谱，确定某种思维模式。

讲真话

另一个练习是"讲真话"。这种实践指的是，在发现矛盾时，学生能接受矛盾，并将其视为自身思想的一种属性，但情况并非总是如此——有些学生拒绝设想它，且在原则上否认他们的言论中有矛盾。尽管两种观点在交错出现时看起来都同样真挚，通过询问哪个是真话，邀请学生为他的两个不同立场辩护，评价这些观点，比较它们的相对优点，认真考虑以决定最终支持哪种观点，这个决定将使学生意识到自己的作用，以及两种观点之间的断裂（即不同）。

做出决定并不是绝对必要的，但是鼓励学生冒这个风险是明智的，因为在两种不同的观点之间，学生很少会（即便并非不可能）不偏爱其中一个，而这样的决定将产生认识论的后果。日常语言中常见到的"互补性"或"简单差异"的概念虽然也有一定道理，但往往会抹除真正的、有时是相冲突且具有悲剧性的独特思想的意义。学生也可以尝试解释某些话语不够"真实"的原因。通常，这些话语是为了符合道德或认知上的期待，这种期待源自学生对社会的感知；或者，这些话语源自学生本人不正当的欲望。这种话语表现的是学生对世界的看法，以及学生与权威或理性之间的关系。

顺序

另一个练习是"顺序"。当学生被要求对他的话语提供理由、解释或例证时，他将决定他的列举顺序。尤其是列举的第一个部分，它与后续部分相关。因为第一个部分通常是最明显、最清楚、最安全的，因此也是最重要的。学生被要求做出这个选择，这通常是无意识的。通常学生会反抗这个练习，拒绝做出选择，否认随后举出的例子，即使举例者是他自己。在同意进行练习后，无论学生是明确地还是含蓄地遵守或根本不遵守这些前提条件，他们不得不说明某个选择所包含的前提条件。在最坏的情况下，就像大多数的咨询活动，学生会让自己习惯于解读任何新提出的命题，以掌握它的认识论内容，瞥见所传达的观念，即使他们自己可能以某种方式脱离原先的观点。

普遍的与特殊的

总体来说，对于一个想要质疑自己的学生，一个想要对自身存在进行哲学思考的学生，我们将要求他做什么呢？学生必须学会阅读，学会解读自己，学会转换思想，学会自我调整；这是一种复制和异化，要求他不再仅仅关注自身，而是朝向无限，投身于纯粹的可能性。这个练习的困难之处在于它永远会擦除某种东西，遗忘某种东西，暂时使身体或心灵、理智或意志、欲望或道德、自尊或平静处于盲目状态。在做法上，演讲的场合、场景、空间都应保持安静——言论将充分表达它的意思、意义或内容，或保持沉默。如果某些语词不具有充分明确的意义，也没有在讨论中得到辨析，那么这些语词将不必呈现在聚光灯下，只有言尽其意的语词才拥有特殊的权利，至少在理论上暂时如此。很显然，有些人不愿意玩这个游戏，因为太痛苦了，在这里文字具有太重要的意义。

促使学生精选他的言论，引导学生回到他构想的图像中，重构自己的思想。这实际就是一个设置程序的过程，通过这种程序，言论将更具揭示力。这是特定想法的普遍化过程中发生的事情。当然，也有可能遵循前人发现的路径，这有时是有用的，例如引用权威的文字，但是条件是这些内容应当得到我们的充分理解和应用。虽然权威意见可以让令人恐慌的观点变得合乎情理，或者让令人痛苦的观点变得微不足道。然而，如果在每个论述中都找不到那些被杰出的前人所铭记和整理出来的伟大问题，我们又该怎么办呢？每个人又将如何阐明"绝对"和"相对"、"一元论"和"二元论"、"身体"和"灵魂"、"分析的"和"诗意的"、"有限"和"无限"等问题呢？

这种情况可能会让人产生一种叛逆的感觉，因为人们不能忍受他所珍惜的话语受到不堪的对待，即使是自己做了这样的事情。他会产生痛苦和被剥夺的感觉，仿佛身体的所有痛苦都被湮没，也会看到他的身体正在被操弄。有时候，虽然知道后果，学生仍会尽全力避免回答。如果提问者坚持采用迂回的方式，那么某种答案肯定会出现，但只有在危险已消失在地平线之后；在确定危险已消失后，学生将不知道如何建立与最初问题的关联。如果提问者为了重新建立讨论的线索而重复步骤，则学生可能接受或忽视，这要视情况而定。这是一个关键的时刻，虽然拒绝看见有时只是口头上的——在道路上不会不留下走过的痕迹，学生的心中将留下某种印记。由于一种纯粹的防御机制，学生有时会试图让任何口头上的澄清和解释工作难以继续，但他在稍后的反思过程中，也会因受到影响而有所改变。

接受病理

现在，让我们来总结哲学咨询的困难，我们认为，主要的考验在于接受哲学意义上的病理学观念。事实上，任何独特的存在样态，或多或少都是我们多年来有意识的选择，由于许多原因，使得某些逻辑和思想陷入了僵局。基本上，这些病症的数量并不是无限的，虽然它们的具体形式十分多样，但对那些经历过它们的人来说，很难想象因为他们长期缺乏反思和思考的能力，他们赖以生存的思想可以简化为一些简单且老套的观念。但是，许多哲学家提倡的"自我思考"难道不是一种后天习得的艺术，而是与生俱来的天赋？由此，人们将不必反思自身？关键在于接受人类存在本身就是一个问题，它受累于某些功能障碍，但正是后者构成了它的实质和动力。

第十二章

通过矛盾来进行哲学思考

1. 哲学的要求

什么条件使讨论成为哲学讨论？是不是符合相同的条件就可以让一篇论文成为具有哲学性质的论文？而且，正如每位哲学教授都知道的，尽管有时候人们忘记了，仅因为一篇论文或一场讨论是在哲学的架构内进行的，就认为该论文或讨论具有哲学性质，这是不够的，内容本身并不足以确认论文或讨论是否具有哲学性质。仅仅通过呈现这样一篇论文或一场讨论，最杰出的教授也没有能力保证学生知识产出的质量。因此，无论在哪里，一连串琐碎见解、一系列陈词滥调、一堆毫无根据的陈述、无意识地从一个话题跳到另一个话题，这些无论是口头还是书面，绝不构成哲学的整体。

负荷过重的限定

每个人都使用自己的一套特定标准来确定某种陈述或交流的价值或哲学内涵。这些决定是直觉的或形式化的、明确的或隐含的、任意的或合理的。但对这个问题提出任何假设之前，必须首先留意一个警告：哲学的限定条件似乎很苛刻。原因很简单——它似乎意味着一切。毫无疑问，因为哲学这个词语有着各种各样的含义，从日常的、一般的、没有真正内容的，涉及世界和人类事务，到具体哲学理论的阐述，或多或少展示出学术性质，产生特殊的抽象概念。面对这种模糊的情况，每个人都试图让自己的立场的价值高于对方，谴责和诋毁其他特定或普遍的观点，最鲁莽的哲学狂热者则毫不犹豫地采取谩骂和驱逐的态度。

任何事物都不能阻止任何人寻找哲学的道路，确定哲学的内容。但在事前，为了避免认知和情感上的负担过重，我们必须肯定和回顾这个真理：哲学并不是对知识和教育的垄断。换句话说，一种实践、一种教学或一种知识，即使被认为是非哲学的，也有可能非常有趣，具有另一种性质。这就解释了为什么在将一个练习或一种教学描述为非哲学的时候，在宣称这是宣传欺骗或谴责这是在骗取信任之前，我们应该问自己，这个活动有什么用途。即使我们对哲学的"对象"有最大的热爱和尊重，但我们可以相信在这方面，在哲学之外还有另一种精神生活。而且，如果从某个观点来看，如果这个术语被认为是不当的、松散的或不确定的，我们也觉得没有必要诅咒它。此外，接受质疑和它的概念的多元化，我们可给予哲学练习更大的机会，而不是让我们自己扮演冷静又僵硬的庙宇看护人角色。相反，在不排斥严谨的前提下，这会是一个有意义且有益处的对话，促使我们重新思考哲学这门学问的基础。

哲学和实用性

为了让我们的言论更充分且更明显，让我们举一个接近我们心灵的例子——无论是对话、辩论还是其他东西，无论是正式的还是非正式的，讨论都可能是哲学的，也可能是非哲学的。如果一个讨论是关于伟大的生命主题，例如爱、死亡或思想，我们可以说这个讨论是哲学的吗？就当前的文本而言，我们的回答是"否"。但是正如我们起初所言，从绝对的意义上来说，这个讨论被认为是哲学的或非哲学的并不重要。因为缺乏学术性或学术色彩太浓，或因为缺乏民主或过度民主，或因为缺乏抽象或抽象过度，或因为拒绝接受教条或拒绝排斥教条，它就不是哲学的吗？我们将尽可能拒绝老师的浪漫主义，因为他认为他必须尽量减少他的角色，甚至消失；也将尽可能拒绝老师的教权主义，他如此确信自己的学问而认为自己不可或缺。

在这些姿态中，存在一些看起来不太适合我们的信条或荣誉感的东西——我们没有著作权、印章或一块土地需要捍卫。在这样的练习中，我们看到实用性了吗？这是要问的第一个重要问题。没错，在我们的社会里，到处都可以看见那些想问自己有关存在的伟大问题的人，发现他们很难遇到细心诚实的对话者。一般来说，人们更喜欢避开这类问题，忙着经营"有用"的职业，对于花时间思考他们所面对的某些问题一点也不关心。因此，摆出这样一个冷静的姿态来表达自己，甚至不去面对某些世界观，对我们来说似乎是一件好事和有用的事，除此之外，这种交流可能源自深奥的直觉和勇敢的论证。但说到要重塑这个世界，这真的是哲学思考吗？

在第二个阶段，我们可以定期观察到，那些聚集在这样的讨论中的人只满足于简单道出某些陈词滥调，而完全不关心保持严谨或进行深化。因此，我们从一开始就拒绝把哲学这个术语授予这样一个练习，不管它有多么友善。一个后果有限的判断，绝不是一场灾难。如果有人希望用这个术语来确保自己需要的地位，我们将不会严格地限制他们——这是游戏的一部分，"哲学女士"将理解这些人，她不会因此而衰弱。"哲学之死"是一个夸张的概念，对我们来说是完全奇怪的，它只是被某些人用来表达仇外心态，这些人把哲学框住而让他们自己成为哲学的唯一或几乎是特有的促进者、捍卫者、继承人或拥有者。无论如何，尽管某些人试图划定哲学范围、排斥他们反对的东西，但是，我们仍然可以对此进行辩论，并将一次又一次尝试恢复这个问题，从不放松，以保持有效和必要的紧张状态，以便充分进行思考的练习。此外，我们可以问自己，练习是哲学性的这一事实是否从一开始就表明了任何有用性或意义。

思想的架构

一旦这个警告发出，我们现在必须尝试为哲学提供一个框架。我们希望最大限度地减少"贵族"党派和"民主"党派的不合时宜或肤浅的反应。但最后，为了哲学化，让我们勇于冒险！因此，我们不会把它作为一个界定和限制的框架，而是作为一个可操作和动态的结构。我们将提出矛盾对立的原则，事实上，无论是在东方哲学中，或在起源于世界各处的伟大神话中，或在对日常生活的反思中，或在西方古典哲学的历史中，自从"矛盾对立"在古希腊出现以来，对立给思想带来了韵律性的变化。从善恶、真假、正义与不正义开始，这些轴心问题阐释了具有张力的不同观点，基于此，一些伟大的原则得以确立，它们提出了一些基础的对立概念，形成了许多判断和价值判断，有助于我们从简单的、参差不齐的观点和混沌的想法中提取出思想。

怪异的是，与人们所想的相反，通过这些分类和简化的形式体系，思想从含混模糊的想法集合体转变为清晰且自觉的理论架构。它像哥特建筑那样，人为地在特定位置安装外部支墩，使其比罗马的建筑在外观上更轻便、更修长、更有结构性，在规模上更小巧。因此，我们认为，思想不是一个彼此陌生、相互忽略或相互矛盾的观点积累或混杂的结果，而是具有回声和连贯性的几何结构，是兼具了角石和基石的建筑，是充满了和声与伴奏的音乐。

即使这种思想结构的形成并不总是有意识的——幸运的是，因为它有太多的事情要做，每一个人或集体的智性活动都会产生一定数量的概念和概念化的对立，它们尽可能地组织精神生活，即使聚集了无数广泛的恳求、感知、感觉、直觉或已建立的观点。快乐和痛苦、我和他人、存在和表象，便代表着许多这样的对立，没有人可以在不迷失或不发疯的状态下忽视这些对立。只有努力让自己在心理和心智上进步，获得某些伟大的突破性的智慧或方法作为理想的或神圣的启示，才能让自己忽视这些事实。即使思想主要是以反应的方式运作的，以机械的方式来产生构想，为了取悦自己或讨好邻人，它也需要经受范畴、形式规范与特定轴心问题的严酷考验。

朴素的阅读

如果某些矛盾，尤其是我们在现实生活中所遇到的矛盾——一般具有实践性、经验性、可察觉性和道德性，因其平庸使我们感到震惊，另一些矛盾则似乎更加深奥。但在这两种情况下，重要的是要揭露这些矛盾，最常见的矛盾往往遭到人们的偏见，被错误所描述，罕见的矛盾则被描绘成稻草人，没人敢自由和平静地接近它们。

尽管如此，为了所有实际的目的，我们应该从一个假设出发——任何重要或位居基础地位的矛盾，就像有意义的概念一样，必然是指一个共同的直觉，基本上可被任何普通的心灵所理解。换句话说，冒着触怒敏感灵魂的危险，我们肯定任何自相矛盾、任何基本概念都是平常的和明显的，至少在它们的一般理解中是如此。所以，我们建议不熟悉艰涩哲学词汇的读者在遇见这些名词时，不要急着翻字典，一般来说，一开始最好让直觉发挥它的功用——直觉会告诉我们一个名词的意义，无论它们是会自己显现，还是通过包含和产生该名词的句子。当然，新词或其他粗糙的野蛮词汇会不时地抵制理解，我们也不能禁止使用哲学词典，但我们鼓励读者只有尝试过第一次、初步的和朴素阅读之后，再借助这些参考书。我们应小心那些学术性作品中的前言、脚注和各种附录，有时它们反而构成了作品的主要部分，因而扼杀了原先的文本，加深了阅读的难度，而不是促成简化。

哲学中有一个经典的错误，这个错误尤其会影响到具备哲学文化基础的"好学生"，那就是受到老师深刻的影响。因为老师可能会做太多事而让学生眼花缭乱，学生会假装做得"很好"，让自己陷于细节的纠缠之中，而不是自由且平静地阅读提供给他的东西,如此便不用担心犯错的风险或忽略一些细微的差别。我们邀请读者进行广泛阅读,勾勒出一个粗略的轮廓,而不是每一步都要检查每个人在有关主题上做了什么、有哪些作品,尽管冒着暂时犯错的风险,但我们最终总能知道阻碍我们认识的缺点和矛盾。博学的陷阱,只有经过漫长且耐心的过程才能成功摆脱,由此我们才能发现,简单朴素不一定是缺点,而且可能恰恰相反。

挑战

思考这个特殊的问题:存在和表象。在这个领域,不止一位学者向我们展示过某些细微之处,比起我们之前提出的一般矛盾,康德所论述的"本体和现象"这一二元矛盾更加复杂、微妙和博学。但除了需要写博士论文的人会企图通过研究这一问题让同侪刮目相看或拿到文凭,对我们来说,这些诡辩、细微之处和微妙之处都没有什么意义。如果它们还剩下任何实质的话,应该就只有纯粹的词汇和其他一些偶然的东西。有时,我们可能有机会在某些人的作品中观察到某些典型的抽象用语,最初可能会给我们留下深刻印象,但最终我们会认识到他们所使用的虚荣和讽刺的手段。有多少篇论文为了要宣称独创性和新颖进行了非常细微的推断,但却缺乏实质的内容,且荒谬的写作量达到前所未有的程度。

第十二章
通过矛盾来进行哲学思考

每个人都必然经历过存在和表象之间的差距。比如说，有人可能碰到这样的邻居，表面上十分友善，实际却让人失望；或者有人可能因为视力不好，错把囊袋当灯笼，把鲤鱼当兔子。存在与表象，或存在与不同视角决定的多样表象之间的这一简单差异，派生出许多异议和分歧。哲学思考的主要内容，正是对这些观点或这些特定关系的辨识。柏拉图的理论原则要求我们从起源处理解一种特定的理念，从产生这一理念的世界观研究它，以便根据它的原因来把握理念的基本实在。在这个意义上，我们探讨的众多矛盾正鲜明地体现出哲学的思考方式。

对这一点，有人会提出反对意见，认为儿童、青少年或成年人所进行的哲学讨论试图回答有关生命意义、人际关系困难或道德义务方面的问题，这似乎远离了我们提出的抽象矛盾。但我们对这一点的回应是，哲学不仅仅是交流意见和论点，它还要求分析和思考那些构成哲学唯一原料的东西。哲学要求探究和阐明这些不同观点，这自然会带领我们走向我们努力列举的经典矛盾。因此，老师的任务就像他的学生一样，将停留在各种想法上，在无限产生其他想法之前先对这些想法进行沉思，以撷取它们的深刻含义，澄清它们的内在分歧。简单的"我不同意"或"我有另外的想法"已经远远不够了，因为问题在于如何把这些不同的想法联系在一起，否则它们将只是意见。没错，进行论证比表达想法更具有附加价值，论证的产生将证明观点是理性的，这让我们不再将真诚作为唯一的证明，但关键仍在于比较这些理由，澄清它们的内容，把它们揭示出来，也就是说，把它们概念化，然后说明观点的多重性，即进行"问题化"。

有必要做出判断，用言语来进行深化，意识到自己的思想和对话者的思想。尽管练习总是有某种意义（且并不是微不足道的意义），因为它提供了思想交流和表达的空间，但是如果不对各种观点进行比较和限定，我们就无法确定是否可以说它是哲学练习。同理适用于哲学课程的论文，唯一不同的是，哲学论文由一个明确的程序构成，包括概念和权威观点，我们可以期望在这里和那里看到某些成文的概念或引用，但在写作和讨论一个既定的或专门的哲学项目时，情况就不一定如此了。

为我们的序言得出结论，让我们举出一个特例。假设我们参观一位画家的工作室，想表达我们对他画作的赞赏，有两种表达方式可供选择："你的画很漂亮"或"你的画我非常喜欢"。由于这样或那样的原因，如各人的敏感程度不一，或做出有意识的个人选择，每个人都有他们偏爱的表达方式。尽管如此，对画家而言，如果他不以哲学为傲，基于有用性或让人愉悦的目的，他只关心你的赞同或钦佩，那么选择哪个词语并不重要。同样，对于说这些话的人来说，他只想表达他的内心感受。

但在这里，哲学令我们感兴趣的地方是发现这种选择所暗示的利害关系。只有当我们开始思考我们有什么其他的表达方式，且我们花时间思考做何种选择时，这些问题才能被阐明。因此，关键在于要通过概念化、问题化和深化来进行哲学探索。在第一种情况下，当我们选择使用"漂亮"来表达时，我们传达的是较为客观和普遍的世界观，其中存在着超验的理念；而在第二种情况下，我们表达的是主观的、特殊的感受，且基于个人的感知。因此，对每个人来说，这只是一句简单的欣赏话语，对哲学家来说，却可以代表整个世界观的表达。但是为了识别它们，我们有必要训练自己的眼力，了解它们的意义。在这一点上，经典的自相矛盾的分类在我们看来是一个有益的任务，有利于哲学实践。

2. 矛盾清单

现在让我们试着列出对我们来说既重要又常见的矛盾清单。这份清单我们已经确定了三十七组，由两两对立的二十八组对立和三个一组的九组概念组成。在我们看来，如果二元结构经常强加于自己，则三元结构有时也会强加于自己，实现相同的概念约束功能。下面列出这份清单，然后是关于问题的简短综合论述，在一开始都提出一个问题以起说明作用。

"一"与"多"　　　　　　　"存在"与"表象"

"本质"与"存在"　　　　　"相似"与"相异"

"自我"与"他人"　　　　　"连续"与"离散"

"部分"与"整体"　　　　　"抽象"与"具体"

"身体"与"心灵"　　　　　"自然"与"文化"

"理性"与"感性"　　　　　"理性"与"直觉"

"理性"与"激情"　　　　　"暂时"与"永恒"

"有限"与"无限"　　　　　"客观"与"主观"

"绝对"与"相对"　　　　　"自由"与"决定论"

"主动"与"被动"　　　　　"现实"与"虚拟"

"物质"与"形式"　　　　　"因"与"果"

"空间"与"位置"　　　　　"力量"与"形式"

"数量"与"质量"　　　　　"叙述"与"论述"

"分析"与"综合"　　　　　"逻辑"与"辩证"

"断言""证明"与"质疑"　　"也许""可能"与"必然"

"归纳""演绎"与"诱导"　　"意见""思想"与"真理"

"个体""总体"与"超越"　　"善""美"与"真"

"存在""行动"与"思考"

"人类学""认识论"与"形而上学"

"心理""道德"与"法律"

(1)"一"与"多"

问题:骰子本身是一个实体,还是一个多面体?

这是首要且基础的议题——每个实体既是"一",也是"多"。因此,一个人是"一",他有一个独特的身份、一种确定性和特殊性,使他有别于其他人,但他同时也是"多"。首先,他是由身体和精神构成的一个复合体。即使有人拒绝这种区分,他的身体也可被分成好几个部分,或多或少攸关他的生存。同理适用于他的心灵或他的意识,在不同的倾向(如理性、直觉、感觉)之间挣扎。

任何物质对象都是如此,它可被看作一个实体或一个组合体。通过一个实体的多种功能和关系,我们也可以将该实体想成是"多",因为这些功能和关系也是确定它的存在的一部分。对人类来说,我们可以从地位、历史、社会角色、活动等这么多构成元素来区分人类。同理不仅适用于人类,也适用于事物和文字,它们的特征随着情况而变化。因此,苹果的组成包括果皮、果肉、种子、花梗、萼片,就像一个单词由元音和辅音或各种声音组成。换句话说,苹果也可以被认为是位于苹果树上、沟渠里、商人摊位上或盘子里的苹果,就像同一个苹果有各个组成部分一样。而且,一个词语根据它所插入的句子,它的意思将发生很大的变化,因此词语的意义是多样的。

尽管如此,多样性和统一性一样,都是一个陷阱。事实上,依据情况的多样性、偶然性或其他状况，通过整体和总体性，必然存在这样或那样形式的统一性，无论它是假设的、存疑的还是难以确定的，如果没有这种统一性，实体就不再是一个实体，而是纯粹的多样性。从无限的"多样性"来说，一个词语就不再是一个词语，因为它不代表任何集合体、共同体，因此也不代表任何实体。如果没有任何差异，没有共同体，没有统一性，一件东西也不再是一件东西，而是多个部分的组合。如果没有多样性，没有共同体，没有部分或属性，一件东西将难以捉摸且是不存在的——它只能是纯粹的超越性的存在。因此，我们必须尝试通过多样性来确定统一性，就像通过统一性来确定多样性。

（2）"存在"与"表象"

问题：爱一个人时，我们爱的是这个人本身，还是我们对他的感知和印象？

这个问题很容易移植到前一个问题上。事物本身的存在或本质可被认为是一个实体的基础的统一性，是一种内在性，其外部表象只是局部和零碎的表现。在这个苛刻的观点中，内在的现实、事物和世界的真相，将难以被触及，甚至难以捉摸。我们所看到的表象是两个实体之间的中介，是一个实体和它周围世界之间的中介，可以被认为是遮盖本质的面纱。但是，表象也可以被认为是实体的表现或外化的东西，因为事物通过它所展现的现象向世界显示它自己是唯一的"有形"的现实。由于无法自觉地感知事物本身，所以表象被某些人看作是唯一的现实，声称只有表象在外面有效地活动，只有表象是可知的——它就是实体之间的联系和活生生的实体。内在现实没有表现出来，也没有影响世界，因此它只是虚假的想法，是一个空洞的概念，缺乏实质性。只有对事物的感知、对事物的滞留或它的工具性才构成该事物的现实。

存在的概念对应着一个不变的东西，规定了某种特定及具体的特征，这种特征总是可归因于所讨论的实体及事物本身，不管事物如何变化或具有多种形态。这种不变性代表了不同的可能状态之间的联系，超越于偶然事件产生的各种意外，这一联系具体呈现出这个实体的实质。存在本身作为"本体"（noumene），在某种程度上反对"转变"或"生成"，因为任何的变化都意味着"存在的丧失"，是存在的"原始纯粹性"的退化，或是存在的一种增益，增强其对世界的力量和行动。

（3）"本质"与"存在"

问题：我们是我们想要成为的人吗？

本质与存在之间的对立类似于存在与表象的对立，虽然它是以一种更人类学的方式表达的，即它对人类的影响。这个矛盾提出的关键问题，一方面是人性或人性的本质是否存在，这种本质是否是一种集体性质。如果是这样的话，我们每个人都将受到这种先天本质的界定和限制。这种性质可以用非常不同的方式来确定：它可以是生物的，于是我们可以说是本能；它可以是精神的，因此我们可以说是灵魂；它可以是心理的，于是我们谈到智慧；它可以是智力的，因此我们讲到理性；它可以是社会化的，于是我们讲到社会。这仅是几个例子。同理，每个人都可以被先天定义，以某种不可改变和确定的方式，不管这种确定的性质是基因遗传的、文化的还是其他方式，都被认为是一种宿命。

本质主义的观点不同于存在主义，后者的观点是个体性的，可以不断改变，且是后天定义的。这种观点建立在自由身份的基础上，自由身份可以由主体自己修改，这个身份并未摆脱一切影响和偶然性，会随着时间的推移而有意识地发展。因此，在主体所有的行为或思想中，个体对它的存在负有绝对的责任，因为它不承认任何预先确定的东西，也就无法从中找到任何安慰或借口。

除了人以外，物质性的存在和理性的存在之间也存在着对立，且有下列问题：相较于有物质形体的东西，理性产生的东西是不是没有那么真实？那么，相较于我的邻居，一个小说人物或相对论不是真实存在的吗？

(4)"相似"与"相异"

问题：我们可以比较每样东西吗？

这是最微妙的矛盾之一，非常古老且充满辩证色彩，奇怪的是，相似者是相异的，正如相异者也相似。事实上，甚至可以说，必须有相异者，否则就不可能有比较——严格来说，一个事物不能与它自身进行比较。短语"与……相同"（the same as）清楚展示了这种差异的悖论——既相似又不同。同理，短语"不同于"（other than）也意味着一种比较——一种和睦的形式，因此意味着一种相似性，没有这种相似，就不可能有比较，差异也无法显示出来。

相似之物只能通过相似之物来理解，否则就无法知道相似之处。就像所有的对立物，矛盾正是表达这种关系的一个好例子——一对相反的词语表述的正好是同一件事。而且，即使它们彼此陌生，在逻辑上也不可能把两个不具有相同参数或属性的实体放在同一个句子中，所有属于存在的都是既不同又相同的。只有存在才可以被认为是"非他者的"（non-other），因为它是绝对的，它不是其他东西；因为它是绝对的，因此没有东西是外来的；同样，它和自己也不是相似的，因为它和它自己是绝对的同一——它就是它自己。当任何事情被问到"它是相同的吗？"（它还是那个它吗），大概是因为事情的地点、时间、环境、外表以及任何可以提出这个问题的属性发生了变化。因此，从这个意义上说，万物既是相同的，又不同于它自己。但是我们也可以从不可约性及绝对的独特性来思考每件事物或每个存在，从这个意义来说，它不与任何东西相似，它逃脱了所有的分类和归类。

（5）"自我"与"他人"

问题：人类对我们来说可能是陌生的吗？

这个矛盾是前一个矛盾的一个特例，是前一个矛盾在人类中的体现，并且可能是它最常见的形式。他人之所以是他人，因为他和我相似，否则他就不会与我的存在有极其特殊的关系——比如，他是我的邻居，即使是关系较为疏远的邻居，但也不会是一个完全陌生的人。然而，我是世界的中心吗？我是万物的轴心或脐带吗？所有的一切都是从我开始的？或者我只是其中之一？是无限的他者？更真实？比我的小小自我大得多？或是另一个人的一小部分？一些特定的道德问题在这种对立中永久振荡。我的感觉、我的感受、我的想法，都要求我说"我"，但如果没有另一个人生下我，我会是什么？如果没有另一个人允许我存在，允许我思考和行动，我会是什么？除了双方都会捍卫的事实和道德规则外，我应该根据我自己即利己主义的观点来决定自己的行为，还是根据他人的感受或利益，即利他主义的观点来决定自己的行为？此外，自我是属于自我，还是属于超越自我的某个东西？是另一个人？是一个特定的共同体？是整个人类？如果我家人的利益常常和全体人类的利益发生冲突，我应选择哪一个？一个人可以因为一些不能自主选择的实际情况，放弃兼顾自己和他人的利益吗？这一矛盾，是有关存在的主要冲突的核心矛盾吗？

（6）"连续"与"离散"

问题：点是否构成线？

世界是什么性质的？世界是由不同和独立的实体组成的？或多或少以附属或必要的方式相互连接？或组织成一个紧凑的架构？因为事物或存在只是这种紧密联系中的连续要素，与周围的环境不可分割，呈现在连续的空间和时间中？基础物理学已经提出这个问题，探讨物质是波状还是粒子状的，第一个特征和连续有关，第二个特征和离散有关。这两种模式似乎以相辅相成的方式工作，但也是相互矛盾的，具有科学和认识论的丰富意义。

这个问题在人类学上的呈现也是如此。有些人认为人是社会的一个组成部分，在很大程度上是由社会及它的运动和模式所决定的，而其他人则选择相反的观点，认为社会是各自独立行事的不同个体的集合。同样，这些选择会产生各种哲学、政治和社会后果，因为前者赋予整个人类或社会更多价值，而后者则赋予个体相对较高的价值。是个体构成社会，还是社会构成个体？如果一个人尝试对这两个问题都做出肯定的回答，那么这些观点同时都会选择其中一个实体并赋予其优先性，在这种选择以及观点的预设中，都会出现分歧。

（7）"部分"与"整体"

问题：整体是部分的总和吗？

部分构成整体，还是整体产生部分？整体的性质是属于它的部分，还是与部分有区别呢？整体的性质是部分的性质的总和吗？或前者超过后者？扼要地说，整体是否可还原成它的所有部分，还是不可以？举例而言，整体是否可还原成各个部分，这个问题可以是关于空间的问题，空间就其自身而言，不能被划分为相互区别的部分，这涉及离散和连续的问题。同理适用于时间，因为时间有弹性，难以捉摸。那么，我们是否可以说活着的生物是由多个部分组成的，而将生物的组成部分分开后，生物就不再活着了？

如果你知道一堆沙子是由沙粒组成的，那么最少需要多少粒沙子才能形成一堆沙子呢？在这里，我们有两个不可比较的实体，一个是"离散"性质的沙子，一个是"连续"性质的沙堆，从这个观点来看，即使它们彼此需要，也不具有相同的性质。如果扩展这个问题，则可以询问宇宙是否具有某些不属于它的"部分"的特质,例如永恒;人们也可能会问宇宙的任何"部分"是否具有宇宙所不具备的性质,例如生命。但这也是一个问题,询问整体是否是它的全部内容、它的性质是否等同于它所包含的东西,或者它是一个不同于被包含物的容器,这大大改变了情况,因为整体本身并未明显地显示它包含它自己。因此,被称之为动词的词汇,它们的集合并不是"动词"——作为类别名称的"动词"并不是一个动词(而是个名词)。

(8)"抽象"与"具体"

问题:自我是一个具体的现实吗?

抽象是感官无法察觉的,因此便和思考的过程有关吗?抽象的比具体的要更不真实吗?在这个主题上,各种观点彼此对抗,一方面,经验主义者、实用主义者和其他唯物主义者,否定了一切不能被感官感知的现实,另一方面,唯心主义者和唯实论者,以各种方式赋予观念以实质的现实性,有时观念的现实性甚至超过感官的感觉,对他们来说,感官知觉是错觉和错误的根源。现代哲学家的普遍趋势是调和这些观点,认为物质与观念都具有一定的现实性。但科学领域则强调必须在原则上解决这些矛盾,因为这是实验方法的前提预设,而实验又是科学的主要方法。

但是,首要问题依然存在。抽象是在感知具体事物的基础上，通过心灵才认识到的吗？或者，心灵是否通过自己的操作把握到具体事物？与物质相比，心灵的自主性有多大呢？抽象有时候涉及一种缺乏具体现实的形式，但它不能深入现实的层面吗？如果具体源自构成所有物质对象的各部分的集合，那么心灵是不是可以直接获得这些东西的统一性或本质呢？另一方面，人们可能会问心灵是否只能说明事物的性质或进行相关的描述，而不能完全把握整个事物，但具体的事物本身却是作为整体存在的。

（9）"身体"与"心灵"

问题：我们是用大脑还是用心灵思考？

这是抽象与具体的对立所带来的特殊问题，使人的肉体和精神对立。尽管对于有些东西我们似乎不能把它们分开，但是，既然人具有双重性，我们就无法避免呈现给我们的概念上的二分。然而，根据理论，这并不妨碍人们否认身体或心灵的现实性。事实上，我们可能只是一副肉体，也可能只是一团灵魂。

不管人类究竟是什么，在不对身体或心灵的现实性做出结论的前提下，什么使得身体与心灵构成对立呢？身体是一个复合体，心灵则似乎相对不可分割。身体是物质的，受到时间和空间的束缚，心灵则是精神的，不能被定位。身体是有限的、确定的,心灵则显得无限且不确定。身体是会朽坏的,而心灵可被认为是不朽的。根据参数的选择和所依据的标准,在身体与心灵之间,就个人的存在而言,其中一个或多或少看起来比另一个更加真实;就知识的产生来说,其中一个则会比另一个更加可靠。因此,每个人都将结合这两种原型而对自己的存在建立个人层级,阐明这种互补和冲突的对立,无论他有没有意识到,无论他是否自愿。

(10)"自然"与"文化"

问题:人性是自然的吗?

同理,自然与文化是对立的,如同后天与先天是对立的。人类的本性是先天就确定好的,还是通过有意识或无意识的历史选择来建立的?文化如果不是人类的本质,那么文化是违背自然的东西吗?还是文化只是自然的一种更为复杂的表达呢?人类是否与地球的演变相一致,还是代表一个不连续的事件,甚至是一场自然灾难?理性、意识或思想是源于生活,还是属于另一层现实,超越了物质世界和我们的现实生存?

自然与文化是对立的,如同自然与"人的技艺"对立。它代表世界的一切现实,它的存在不是因为某种发明和人的劳动。从这个意义来说,它是宇宙的化身,就像是我们在宇宙中发现的一种确定性、一种秩序,或至少是一种连贯性;同时它也与自由对立，因为对于特定的存在而言，自然是不能自由选择的部分，不受自由意志的影响。相反，文化是指人类在历史和社会背景下产生的东西。它是一个社会、一个民族或整个人类集体制定的一套规则或规范。更为特别的是，它是智性形成的过程，使得个体能够进行判断和鉴赏，从而规范个体及其身份。

（11）"理性"与"感性"

问题：感官是否可以意识到自己？

身体和心灵都是知识和思想的产生者——它们为存在提供信息并引导它。身体的认识主要基于五种感觉器官：耳朵（听觉）、鼻子（嗅觉）、眼睛（视觉）、皮肤（触觉）、舌头（味觉）。内部感觉，特别是不同形式的痛苦或快乐，也可以被视为从属于这些信息装置。但是，总的来说，感官知识属于即时的知识，无论是有关当下的，还是跟事物的某种形式有关的有形关系。从这种即时的直觉，这种知识模式诱发产生一种确定感——身体几乎不会怀疑，感觉总会导致本能反应，特别是对痛苦会立即做出反应。

与这种功能相反，理性是一个时间性的过程——反思不是立即的，因为它经过一些操作才能得出结论。虽然随着时间的推移，直觉已经形成，它通常从感官开始，建立自己的知识。这个过程是有意识进行的，尽管各种相互作用可能会"寄生"在它身上，例如无意识、教育和社会条件或身体。由于这些原因，理性可能会受到意志的干预，也可能回归思想本身进行反思，或与自身的局限以及自身之外的事物形成对抗。这里存在着连续不断的选择，理性因此会有所疑虑，并产生不确定性。这种虚弱也伴随着相当大的力量，后者保证了一定的自主性——它能够使周围的一切都沉默，包括世界和感官知觉。

（12）"理性"与"直觉"

问题：直觉是否来自理性？

如果理性是建立在感官知识的基础上，但又与之对立，则理性与直觉也存在类似的辩证关系——直觉是基于感官的，它直接在感官上运作并产生确定性。这是一种未经反思的思想，是由经验、欲望、教育、社会压力及各种影响混杂在一起而产生的。尽管直觉似乎会干扰理性，因为它会使理性发生短路、陷入停滞，阻碍理性的思考，它将应当自由开放地进行分析（这种分析有助于认真地决定）降低到无意识的层面；但直觉也有其积极的作用，甚至对理性过程是不可或缺的。事实上，如果理性无限地重新思考构成其方法的每个要素，它就会失去作用，永远无法达到它的目的。直觉理所当然地掌握了一定数量的知识元素，为理性提供了一个可以运作的基础。这并不妨碍理性在某些场合返回到这些"所获得的东西"上，并对其进行反思。

直觉是对事物的直接看法，就像是一种信仰，这种信仰更多来自"心"而非理性，理性仅在第二阶段介入，是一种后起的理性化。从这个角度来看，直觉产生见解——现成的、表面的观念，对自己的起源一无所知，不质疑自己，且往往产自传闻。

（13）"理性"与"激情"

问题：激情有理性吗？

这涉及理性的第三个根本的矛盾——和激情的对立，和前两个矛盾（理性与感性、理性与直觉）一样都是辩证的。如果理性是自愿的行动，激情则是被动的。然而，它位于意志的核心，不能自称是纯粹的理性。理性往往被召唤去为这样或那样的激情服务，激情是动力，是灵魂，是我们讨论的理性的终点。如果没有某种激情对理性的渴望，即使假装忠诚于纯粹理性，也无法持久。

因此，激情是理性的基础，是理性的一个必要的原因，但它经常与理性冲突——理性缓和激情，调节激情，塑造激情，对激情进行批判性检验，而激情则抑制或废止理性的过程，使其充满活力或发生改变。然而，激情可以被视为超越理性的一种理由——它是一种驱使我们行动的渴望，我们并不知晓它的起源或原因，我们没有选择它，但它却承载着真理。爱、生存的本能和信仰的行为就是激情的三个典型例子，可让我们进入存在的核心，这也是直觉的重要主题。尽管理性寻求真理，尽管它的方法是冷静的，但它也常常是冷酷和算计的，而激情把我们带走，以这种方式在面对僵化的严谨时，它使生命具有冲动和活力。激情知道如何像理性那样不可磨灭和融会贯通，"忠于自我"也是真理的主要本质。

（14）"暂时"与"永恒"

问题：瞬间能脱离于时间吗？

有些实体位于时间内，有些则脱离时间，例如，我们在本质与存在的对立中已看到了这一点。脱离于时间的东西可以说是永恒的，尽管这个概念涵盖了不同的模式。第一个重要的区别是"不存在的"和"始终存在的"。如果一个概念可以被定性为是永恒的，那是因为它是抽象的且与时间无关。如果宇宙可以被定性为永恒的话，那是因为它是一个似乎不可能存在的具体实体，它充分感知时间但却超越时间。作为一切事物的最初原因，"唯一的上帝"这个理念，在这两个极点之间摇摆不定。对某些人来说，抽象的概念是不存在的，而对其他人来说，抽象是原初的存在，是所有存在的绝对模型。不管是什么，物质和具体的东西趋向于时间，而概念和抽象的东西则趋向于永恒。即使宇宙对我们来说似乎是具体的，但它的不变性却是难以捉摸的。

由于这些原因，受到偶然性和变化影响而暂时存在的事物是脆弱的、不完善的、会朽坏的，这似乎更加接近我们的生存方式，而永恒的、遥远的，即使并非不真实，但也可能看起来死气沉沉。或者，通过两极的颠倒，我们将看到一个典型的哲学思想现象——通过对永恒的探索，我们将接触到完美的理念、超然之物、原初的真理和绝对的存在，因为永恒正是这些东西的重要特征。

（15）"有限"与"无限"

问题：我们能思考无限吗？

就像所有事物既是"一"，也是"多"，所有事物也既是有限的，也是无限的。但对于万物，有限和无限以不同的方式出现。因此，尽管一个实体因为有开始和结束而在时间上是有限的，但它可以被认为是无限可分割的，或它所产生的因果链是无限的，这仅仅因为，如果它的存在变得不一样，世界的面貌将会改变。同时，任何可以理解的事物，任何可以命名的事物，任何可以了解的事物，都必须以某种方式得以完成，否则我们将无法知晓它——只有通过有限的东西，我们才能理解。

某些否定的方法得出的结论是：对于属于真正无限的东西，如同唯一的上帝，只能确认它不是什么，因为它涉及的东西没有边界，没有限制，这个方法适用于其他任何事物。因此，无限以不确定和不可思议的形式出现，有限以确定和可思考的形式出现。可衡量的东西是可比较的且已完成的，无限的东西则是不能比较和不能测量的。后者可以通过数量和质量来进行理解，通过比较各种实体的属性，甚至通过确定无限的不同层次和顺序来了解：例如，将无穷尽的质数和无穷尽的整数相比。

问题仍在于，有限和无限是否可以作为一个简单的矛盾进行相互比较，还是两者没有关系。尽管无限的东西可以被认为是完美的，和有限的东西相反，但我们也可以肯定有限的东西是完成度更高的。除非我们认为有限的说法对于无限的事物而言，是没有意义的，反之亦然——这种说法只是将一种实在投射到另一种不相容的实在中。换句话说，有限和无限是完全对立的，不能相提并论，我们不能以理解有限之物的方式来认识无限。

（16）"客观"与"主观"

问题：客观是一种特殊形式的主观吗？

客观是属于客体自身的，客体有其自身的实在，当然，这个实在给人类的思考带来了一个问题，因为理论上它处于思考它的心灵之外。这自然而然让我们得出这样一个结论：我们无法接近这个实在，甚至这个实在根本就不存在，因为所有的知识都是一个主体与一个客体的相遇，一切无法相遇的东西是不可知且不可验证的，也不能被假定。然而，有人认为客观是没有偏见或成见的。但谁能宣称自己没有任何主观的倾向呢？尽管如此，当这个词语用于实际或科学意义时，利用某些方法或程序，甚至某些态度，可以促成或保证相对的客观性，并产生某些确定性，即使只是暂时的。

相较之下，主观的东西属于主体，通常指人类，具有感觉、情感或推理思维。这是一个形容词，用来形容对一个物体的认识或感知，它的意义可以根据这个主体的性质来进行缩减或修改。主观与客观对立，这个词通常具有不公平或不完整的含义，有时，它也被用来形容"虚假"或"毫无根据"，是个贬义词。但主观也涉及主体的真切实在，这一主体拒绝虚假的客观性，制造属于它自己的真理。

（17）"绝对"与"相对"

问题：绝对是一个相对的概念吗？

绝对是没有限制的，不依赖任何东西，只依赖自身，是永久性的，不是由外在的任何关系决定的。它通常与理念具有相同的含义，指定一个完美且自主的实体，就像上帝一样，因为它涉及的特质表达了一种最高和最大的存在。相反，相对是一种事物或想法的状态，依据相关条件而存在，与自身以外的事物相联系。因此，这种事物或这个想法附属于其他的事物，因为它的存在是以它本身以外的东西为条件的，本身不具有存在或绝对的价值。然而，很容易得出这样的结论：绝对不存在，因为存在必然意味着某种关系。问题在于这种"不存在"究竟是无条件、优越的和最终的现实性的表达，还是只是一种心灵概念的表达，是空洞的，因为它缺乏任何真实的内容。然而，从纯粹的概念层面来说，"绝对"允许人们去思考一个脱离一切偶然性和外部干扰的实体；允许人们思考一种有关事物自身的知识，这种知识有别于关于随机现象的知识，后者所讨论的实体具有突变性，因为它完全根据环境而发生改变。

（18）"自由"与"决定论"

问题：我们是否注定是自由的？

在人类学的层面上，除了"绝对"的吸引力外，还有对自由的渴望或对自由的要求。人类喜欢认为自己是自主的，相信他是通过个人或集体所宣布的准则来规范自己的——他是无所不能的。也许人类比其他物种更自由，但在人类身上常常有意无意地呈现出不同形式的决定论。人类的生物性质、个人历史、文化和环境都是影响其存在方式和存在选择的因素，这些都能证明人类特性不是自主选择得来的。

自由也可以以"意志"来阐述,是了解我们的意志如何被我们的本性和环境决定的一项能力。理性的自由,促使我们反思我们行为的含义和动机,了解这个世界的状态,在逆境中保持坚定和平静的态度,尽管我们不一定能干预事件的进程。一个物体的自由落体不是按照预期的轨迹运动,而是不撞击到另一个物体,不在其过程中被止住。在这些不同的意义上,自由和决定论不再是全然对立的,自由意志就是如此,我们的意志至少为自己保留了选择让哪些事情发生的权利,也就是默许或拒绝那些呈现给我们的事物。我们可以说,每个自由都与某种形式的必然性相结合。

(19)"主动"与"被动"

问题:接受是被动的吗?

主动是指产生动作?被动是指接受动作?这是物质上和精神上的一种区别,但是与所有的区别一样,这种区别是带有人为色彩的。物理学解释说,每个动作都会受到反作用力,没有反作用力就没有动作。事实上,如何对一种不会产生反作用力的东西做出动作?一个动作一定是一种互动,同时关系到两种性质、两个实体,也同时关系到两个动作,这两个动作形成动态的、冲突的和互补的一对动作。似乎是一个主动的动作基于进行互动的目的造成了两个物体之间的相遇，看起来是被互动的目的所激发，但在任何动力学中，时间上先发生的，在本体论上不一定优先。导致动作发生的原因，不一定会决定最终结果。有效的原因不见得刚好也是最终的原因。

表面上被动的东西，只要凭借它的惯性，也可以产生比牵动它的东西更大的力量。抵抗是一种调节和组织事物的行为方式。伟大的原则也是如此，它们是无形的，也常常不可辨认，它们是统治存在和事物的力量，构成了一张现实之网，既超越于特定的明显的行为，也限制它们、承认和构建它们。

（20）"现实"与"虚拟"

问题：我们可以认为"现实存在的东西"是不带任何"虚拟性"的东西吗？

现实是呈现在我们眼前的东西，是直接的、有形的、可感知的、直接作用于事物的。相反，虚拟似乎是不存在的，是遥远的，是一种仅仅可能存在的东西——这种可能的存在，是缺乏物质性的。因此，想法属于虚拟，当我们确认"这只是个想法"时，它就像所有抽象的东西一样。而物质性的、具体的物体，才属于现实存在。但当物质性的东西与我们在空间和时间上存在距离的时候，它也是虚拟的。遥远的、未到来的东西便是虚拟的，因为现实或相遇似乎仅仅是有可能发生的事情——

这仅仅是一种存在的能力,并不是实际的存在。

关键在于要知道现实究竟意味着什么。万有引力——固体之间的吸引力,这个普世的原则不比它所移动的星星更真实吗?物理的各种定律只有在我们眼前显现出来时才具有某种真实性吗?"原因"不比"结果"更加真实吗?没有建筑师的建筑平面图,建筑就无法建成,难道建筑平面图缺乏真实性吗?真理或"善"能够影响世界吗?或者,在不知不觉中,我们是否将物质和感官知觉置于世界观的首要位置?同时,我们的计算机精心地发展出一种虚拟现实,它既是有益的、有效的,但也有虚假、有害的一面。

(21)"物质"与"形式"

问题:如果形式不是从物质产生而来,那么形式从何而来?

人类总是试图给他周围的东西赋予某种形式,为所有他认为重要的东西赋予形式,这或多或少有些蛮横。通常这种形式的赋予是为了满足某些生理、功利或美学的需要。转变物质是让物质变成不同的东西,这是一种创造。从这个意义来讲,世界本身就是具有创造力的,因为几乎没有任何东西是没有形式的,在自然界中,也没有物质是没有形式的。

形式是形成的,是一种动态的,其本质在于产生和具生命力,而物质则是抗阻性的,为形式提供实质、形体或重量。形式和物质是两个原型，缺少任何一个都难以理解它们。理念是纯粹形式的近似物。物质的特性包括抗阻性、时间和空间。形式通过它的轮廓、外观、效果、属性，将一个实体区别于另一个实体，它是分离的、显而易见的。物质是难以清楚辨认的，它是连续的、模糊的、内在的和不可接近的。然而，和纯粹的形式相比，有形的物质往往以更直接的方式呈现在我们眼前。但这是因为它们的物质性还是因为它们形式的作用呢？例如，这是因为它们的使用价值、它们的交换价值，还是意味着一种感官的阻碍？

（22）"因"与"果"

问题：打邻居的人是坏人，还是因为他是坏人才打邻居？

理论上来说，"因"发生在"果"之前，这个时间顺序不可逆转，由此产生了时间性，这也使世界和知识有了节奏。但它也许是对现实的一种片面的看法，正如"鸡生蛋"和"蛋生鸡"的悖论表明了因果逻辑的局限性。如果一个事物产生了其他事物，我们不要忘记，这个操作发生在所有事物都互相作用的环境中，没有万事万物就不可能发生任何事情。难道每件事物不都同时是"因"和"果"？最初的原因、万物的推动力，这是一个困难的概念，指的是上帝或涉及一个悖论。造成万物的事物如何造成它无法造成的事物？为什么上帝能生成他自己以外的东西？如果有一条首要的原理能产生其他所有的事物，一切必然是根据它的形象特征产生的，那么为什么会产生不同的东西呢？因此，我们有义务承认"果"的真实地位：它的地位相当于"因"，即使这个"因"是第二个"因"。不可思议的是，每个"果"本身也是"因"，是原始的，是独特的，是唯一能够解释世界多样性的，是不可或缺且不可避免的"因"。但第二个"因"从哪里来呢？它是自身的原因吗？如果是这样的话（它是自己的原因），那么，它可能是第一个"因"。

为了分析和理解，通过机械的方式确定"因"与"果"的顺序是可能的、有用的且不可缺少的，但关键是不要陷入还原论的陷阱。这是因为，如果能够根据"因"的相对重要性来区分原因的顺序，就很难把原因和它的结果分开，因为后者似乎构成了它的因果关系的性质。

（23）"空间"与"位置"

问题：一个位置可能处于空间之外吗？

为了生存和思考，我们必须把自己置于一个"位置（location）"，必须构建一个"处所（place）"[①]。最重要的是，这个位置是确

[①] "处所"在本文中可以理解为特定的空间，尤其是我们所处的空间；同时，这个特定的空间可以被视为一种"位置"，因为位置存在的前提是空间内部的差异，差异提供了参照物，才会有确定的位置。位置内在于空间之中，实际表达出空间内部差异的关系。——编者注

第十二章
通过矛盾来进行哲学思考

定的,是我们的容身之处,使我们能够进行认识和辨别,没有这种辨认,任何事情都是不可能的——没有这种确定性,生活将变得无法忍受,我们会发疯。如果每一天,各种事物都与前一天不同,会发生什么?如果一切都变幻莫测呢?可以确定的是,在一定的时间内,在一定的限制内,我们可以欣赏那些意想不到或前所未闻的事情,但是我们不能永远让自己适应这种变动的情况。因此,我们被固定在一个处所中,它可能是广阔的,在这里,我们试图阐述我们的存在并赋予其意义。在这个位置上,事物受到限制且忠于它们自身。但忽略超越这个位置的东西是不切实际的,这个东西就是空间。否则,我们会从地理、历史、科学、文化等角度将这个位置绝对化。我们不要忘记,尽管这个位置是有关存在的,甚至是本体论意义上的必要条件,但是无限的空间却也构成了我们的处所。一方面,空间是位置的框架,另一方面,空间可对处所产生影响,考虑到我们总是处在某个位置上,对我们来说,当处所从空间凸显出来,位置才得以产生,否则位置本身是僵化的,我们的存在本身也是僵化的。尽管空间象征着不确定、未知和不协调,但是它也是无限的,从空间的无限性中我们才能理解处所的真相,同时,我们不得不生活在处所的内外之间。

（24）"力量"与"形式"

问题：力量是没有形式的吗？

这个矛盾涉及男性和女性之间的矛盾。在现代西方，男性和女性之间的差异主要被认为是一种社会、人类学或生物学上的现实，即性别差异。但这也不是必然的——我们希望看到这一组对立所呈现的形而上学或认识论的维度。这表现在中国的"阴""阳"对立之中。

力量是指一种强大的性质，是能力或行动的原则。它是力量、能量或能力；它意味着强迫、蔑视法律和他人，但也有助于加强人们对法律及他人的尊重。它改变、颠覆形式。形式则相反，完全是概观性的、联系性的和外在的。它是阐述事物的方式，是必须尊重事物的方式，是连续的原则，具有提供信息、决定和限制事物的作用，它输送原材料和力量，为美的事物赋予一致性和生命力。如果力量在本质上是动态的，则形式是缓慢或静止的。形式只因它存在就发生作用，无需常规的行动，而力量施加的张力则不可能持久，它的作用主要是进行干预，且是不连续的。力量与指定计划的具体意志有关，具有特定目的，为了达到目的而实施，而形式则表达某种存在，这种存在不能要求事物异于它们的原貌。

（25）"数量"与"质量"

问题：存在的每件事物都以确定的数量存在吗？

数量是可测量的、可比较的、可计算的，它服从数学原理，可以增加或减少。数量往往被认为是附属的——它不属于事物的内在性质，而是偶然的。质量正好相反，质量表达属性，似乎更多地呈现事物的本质。质量是一种性质，属于它自己的对象，而数量则要求"多少"，是多样的且外在的。如果说数量是可变的，质量就较为不可变。另一方面，质量难以比较和衡量——即使不忽视它，事物的本质也并不真的那么重要。质量不容易随时间的变化而改变，即使事物经历相对的变化，这也不会改变它的本性。而对于数量而言，即使是最小的改变，数量也会发生变化。质量是不可测量且是内在的，因此质量更难以捉摸且是主观的，它拒绝技术和知识，尤其因为它很难变更。同时，质量固定于存在中，与其所不同的事物相对立。它是对立的，它拒绝接受与它对立的东西。而数量则是复数的，是可变更的且视条件而定，由于它的可塑性，数量并不跟任何事物对立。

（26）"叙述"与"论述"

问题：叙说是解释吗？

所谓叙述就是叙说和构建一系列事件，以具体的方式发生，遵循时间的秩序，而抽象的论述则阐释一系列观点，重视本体

293

论的秩序。如果两者都关心意义,则前者关注历史意义,后者关注解释的意义。虽然人们也可以说我们讲述某个故事,解释另一个故事——前者倾向于说明原始事实,后者倾向于说明因果关系现象,二者并不互相干扰。

叙述的要素是外部给予的,它们是客观的。叙述做的是描述工作,即使言论提供的选择带有主观性,这种选择也会影响说话的方式,有时也会试图将自己表现为纯粹的观察来否认自己的偏见。论述则要求论述者做出更明确的贡献,它要求论证、证明和分析,从定义上来说,它是可论辩的,会与另一论述存在冲突。论述并不追求客观性和真实性,尽管它可以宣称真理的地位——论述是一种解读。如果说人的生命本身就是一种叙述,那么对论述的需要也是存在的一部分,即使它显然较为随机、抽象、不太直接,也不太具备实质性。

(27)"分析"与"综合"

问题:我们应以分析还是综合来下结论?

分析是关于知识或物质的一种操作,它肢解一个整体来分解出它的组成要素。综合同样是关于知识或物质的一种操作,它将分离的东西汇集或组合在一起。根据不同的倾向,将产生很大的驱动力去进行组合或分解,但就像所有事物都是一元的,也是多重的,所有事物也既是统一的又是分裂的。所有这一切都可以且必须就它自身来思考，所有这一切都可以且必须通过某种关系来思考。困难在于设想两种操作如何同时进行。因为，一方面，对事物的直观理解似乎都不同于分析和综合得来的认识，另一方面，事物本身也阻碍了分析和综合这种方法的应用。

分析是将思想或对话分解成小块，无法事先知道什么时候该中断这个过程，直到最初的实体变得无法辨认。综合是把元素合并，使这些元素消失而湮没在吸收它们的整体之中。分析就是区别元素，以便引出概念上的利害关系，而综合则实现互补，以产生统一的概念。

（28）"逻辑"与"辩证"

问题：辩证让我们摆脱了逻辑吗？

逻辑使得我们有可能建立和验证推理的连贯性，让推理不再出现矛盾。它决定了推理的有效性、连贯性，决定了推理是逻辑的一个重要工具、一种处理判断的科学方法，据此可以区别真理和谬误。逻辑基于两个基本原则：矛盾的原则或非矛盾的原则，它规定在相同的条件下，不能同时肯定一个事物及和该事物对立的事物。它的推论，即同一性原则，规定一个事物是它所是的，而不是它所不是的。因此，面对两个相互矛盾的命题，一个是真的，另一个则是假的。

辩证不是先验地拒绝逻辑的预设，而是不把它们当作绝对的规则。此外，辩证不承认任何先验规则，即使辩证会使用它们且围绕它们进行阐述，它的运作原理是始终能够回到构成它的规则。因此，辩证是指一种思维流程，它处理看似矛盾的命题，并基于这些矛盾提出新的命题。这些新的命题有可能减少、解决或解释最初的矛盾。因此，对于辩证来说，每个实体都是它所不是的东西，因为它是由这些它所不是的东西构成的。这导致了一个令人震惊的命题——存在者不存在，不存在者存在。当然，辩证的工作是进行阐述，以创造这种逆转，这也需要一种连贯性，一种逻辑。

（29）"断言""证明"与"质疑"

问题：我们应更加看重某种特定的论述形式吗？

尽管哲学以问题为基础，但是一个特定的哲学思想总是肯定了某些东西。尽管怀疑产生思想，但是它的用意总是为了鼓励新命题的出现。哲学命题的表达有时候是独断的，但最重要的是它们会采取一种论辩的方式。尽管如此，这些不同命题的表达方式——判断、概念或分析的产生本身就是一种工作，无论其状态是假设的还是确定的。但是，大部分的哲学工作也是为了证明这些提出的命题的合理性。在证明方面，可以用任何逻辑的方式来证明，可以是产生一系列同一方向的想法，也可以提供例子，最好经过分析，可证明初始命题的真实性。证明与断言相反，后者是一个自我满足的命题。在证明中，证据是报告或过程的一部分，从这个角度来看，证明过程也像一个宣称自主性的命题，证据之间关系的合理性可能受到挑战。

论述的第三种形式是质疑。它不再与断言或证明有关，而是在不可能的边缘上设想什么是可能的，而不必进行选择。这是因为命题是一个单纯的假设，但最重要的是，因为另一个命题可以替代它而扮演相同的角色：例如，对一个问题我们可以回答两个或更多个不同的答案。因此，质疑是提出一系列对立的假设，它们因对象相同而彼此连结，或者，质疑是根据一系列问题，从中提出一个根本性的问题。它代表了一个特定想法的总体难度和重要意义。而所谓的"悖论"，意味着一个提出根本问题的矛盾，是一种特殊形式的质疑。

（30）"也许""可能"与"必然"

问题：现实是"也许的""可能的"还是"必然的"？

"也许"就是并非"不可能"的？或可以如此证明。"也许"表示并不明显或确定——它有时近似于"不可能"，这也许是由于简单的错误而作为一种可能性没有被排除。它往往看似无法思考，却触及我们思想的极限。"也许"是一个特例，我们不能从中衍生出普遍性。与此相反的是，"可能"似乎更为人熟知、更明显、更易于接受、更可能发生，因此更普遍。它似乎具有某种经验上的确定性，或符合常识的推理。"可能"是很可能发生的事，尽管"也许"有时通过某种扰乱思想的思考程序证明它是"可能"的，但"可能"依然存在于偶然性的秩序之中——它并非是不可磨灭的必然性。必然性主要通过一种逻辑方法来实现，即"如果这样，则那样……"，也就是说，这是一种条件句式。必然性并不直接涉及物质、具体或时间实体的存在性——没有东西是必然存在的，除了上帝或宇宙，或者说没有绝对的实体。但"必然"处理事物和事物性质之间的关系。例如："这个人必然活着，因为他在呼吸。"

这三个术语依据思想的确定性程度而限定各种命题，但也涉及话语的性质。"也许"只是形同于所设想的假设，"如果我拿到一个好数字，我也许会赢得赌轮盘。""可能"是通常发生的或应该正常发生的事，而没有涉及纯粹可能性的领域，"如果我拿到大部分的数字，我很有可能赢得赌轮盘。""必然"来自分析的、形式的或逻辑的方法，这些方法通常会把关于事物的各种描述相互联系起来，但绝对的判断将会排除例外，"如果我把数字丢出去，我必然赢得赌轮盘。"

（31）"归纳""演绎"与"诱导"

问题：我们可以确定什么东西？

想法是由什么过程产生的？归纳将感觉和经验所发现的东

第十二章
通过矛盾来进行哲学思考

西视为理所当然，并归纳出一般情况下必然会发生的事或未来应发生的事。重复的现象应会继续重复，"到目前为止，太阳每天早上都升起，因此明天太阳也会在早上升起。"这可以说是一个绝对的预测，具有一定的确定性，但不见得必然会如此。演绎是一个逻辑步骤，通过两个命题提出第三个命题，例如经典的三段论："人皆会死，苏格拉底是人，所以苏格拉底会死。"一般来说，这个论点结合了普遍性和特殊性。同样，一个具体的逻辑方法可能假设前提是无可争辩的，从这个前提得出结论，但它也可以在前提是有效的条件下就断言结论是正确的。从理论来说，基本形式是"如果这样，那么就那样"，但往往"如果"被遗忘，变成"这样，那么就那样"，那么最初的命题或多个命题都得到了无条件的肯定。

如果归纳是由经验产生的，演绎是通过分析或合成产生的，那么诱导就是一种直觉，一种发明，是由富有创造力的理性产生的，以便处理一个问题。这是一个方法，提出一个假设来阐明一个明显的矛盾或者解决一个问题。因此，万有引力的原理可以部分地解决行星之间相对运动的问题。这个假设必须提出一个新的概念，在矛盾现象之间，或看似缺乏明确联系的现象之间，塑造另一种类型的关系。任何假设都会产生某些新的演绎，而这将形成一种新思维模式的架构。如果归纳是建立在现象的重复上，则演绎就建立在理性的一致性上，而诱导或创造假设则建立在世界与理性之间的辩证关系上,即使这些区别在某种程度上是相对的。

(32)"意见""思想"与"真理"

问题:意见可能是真的吗?

无论如何,对我们看到的一切事物,我们或多或少都保持一些意见,对于这些意见,我们或多或少都认为它们具备一定的确定性。我们或多或少地认识到这些意见的性质、内容、功能,尤其是它们的来源。换句话说,意见似乎以最基本和最基础的方式体现了思想。这并非表示意见必然是错误的,而仅仅是因为意见不彻底,对于自身的表达不够慎重。相反,思想是一项如生产工作、分析工作或检验工作那般实际工作的成果。完整的思想将呈现出它的起源,或充分呈现出它的内容、含义或后果,或呈现出它的局限性,以及它可能面对的问题和反对它的问题。因此,思想建立在真正的方法上,而意见则产生自传闻和类似的东西,尽管每个人都能够以他认为合适的方式使用这些名词。

如果意见是初级的,思想是一个完成的工作,那么真理就与某种确定性有关,与所指对象相一致。以最一般的方式来说,符合现实的东西便是真实的,它通常被定义为物质和物理的本质,这是可被感官经验证实的现实。在这里来说,如果思想符合可观察的物体或现象,则该思想是真实的。但还有第二种——

致性——理性、人性、单一性或集体性的一致性。能够通过推理进行证明的东西，对分析它的人或多数人来说，便是真实的。第三种一致性是个别现实的一致性。忠于自身的东西是真实的，在一个特定的存在中，在一个特定的视野中，它看起来是连贯的，而不会自以为能代表某种普遍的现实。一个真正的存在，一部真正的戏剧，一部真正的杰作，都表达出一个特定的真理。在这三种情况下，不符合所指事物的就是虚假的。

因此，真理也可能是意见或思想，虽然人们可能认为是思想更倾向于真理，而不是意见，因为它更加审慎和更加鲜明地呈现出自己的起源。无论如何，真理决定了意见和思想之间关系的本质和存在，虚假则是指这种关系不存在或很脆弱。因此，后者可能是种不连贯或缺乏，这解释了为什么它本身难以定义。

（33）"个体""总体"与"超越"

问题：我们可以脱离超越而设想个体或总体吗？

个体是被视为一个实体的东西——一个物体、一个想法、一个现象，甚至是一种推理或一类事物。然而，任何个体，无论它如何独特，其重要性都在于它可以与另一个体，或若干具有可比性的其他个体区别开来，并与之相对立。从这个意义来讲，这些个体将拥有某种形式的共性：它们将拥有共同之处、共同的特性、共同的基础，但它们也具有某些特定的、最小的或重要的特征，这些特征将它们彼此区别，使它们彼此对立，因此，它们就可以从彼此和共性中脱颖而出。从这个观点来看，相同类型的个体可归类为一个物种，甚至归类为几个亚种，也可以重新归为几个属，这些不同的术语表达出一种总体性，这是特殊的个体所无法满足的。所有的这些词语都是相对的，它们取决于一个起点和人们试图建立的一般分类。重点在于个体可以属于一个总体，且可依据它的特殊性来区分它。

一件东西是独特的，因为它是与众不同的，这是一个共同体中必然存在的差异。一个人是独特的，因为他完成了大多数人无法完成的事情。但对人类来说独特的东西，对斑马或信天翁可能并不独特。换句话说，任何个体的独特性都必须以某种总体作为参照。

一般来说，我们将超越性定义为一个总体或其统一性的本质特征，例如一组个体拥有的共性。简而言之，这种特征从形而上学的角度来看，可以被看作一种实在；从认识论的角度来看，它是一种心灵的工具；从唯物主义的角度来看，它是一种纯粹的属性。因此，人性的品质同时又影响了人类个体，使得我们可以将人类视为一个总体。人性，以其超越性而言，异于人类的秩序——它超越于人类，同时又构成人类；它远离人类，同时又定义了人类的视野。它预设一种本质，这种本质确定了人类的存在。但如果这种特质本身不能被认为是它所产生、激活或决定的个体的外在特质,它也可被看作是内在的,是超越的横向形式。因此,有人可能会问存在是否具有超越性质,无论是它本身,还是仅仅是一种它的内在性。但是,国家作为一个独立的实体,本身似乎超越了个体组成的社会总体。

(34)"善""美"与"真"

问题:一个人可以在真善美之外思考吗?

"真""善""美"这三个规范性概念,是价值论的基础,有时被称为超验之物,使我们能够区分有关存在和哲学的态度,帮助我们思考世界。它们涉及三门重要的学科:伦理学、美学和科学。有用的东西被定义为"善",回应了我们内在的缺乏,因而能够减轻和消除痛苦——因为缺乏,我们才会渴望,才会努力寻求满足。因此,"善"象征着生命的圆满,和邪恶——那些被认为是不公平的、摇摆不定的甚至是有害的东西对立。"善"的吸引力使我们行动起来,质疑自己的行为、目的和模式,以成就幸福快乐,无论它们的形式或性质如何。我们的行为是否公正、合法、有效、良好或适当?道德是伦理性的、享乐主义的、功利主义的或具有其他性质的主张,是对我们行为的限定,使其合理化,它会把我们生活的意义解释成追求更好的存在,或追求幸福、圆满和整全。

"美"则描述整体与部分之间的和谐、整体的完美或特殊形式的原创性。它跟丑陋对立，丑陋是混乱的、不完美的或平庸的。"美"要求知觉、感官或智慧，它引发沉思和欣赏，而不是行动，尽管一个行为或一个想法像所有事物一样，也可以被描述为美好的。美唤醒无私的快乐，是无偿的，因为它内在自足，以自身为目的。一般来说，通往"美"的感性被认为比通往"善"的感性更主观、更直接、更少受理性影响，虽然"美"仍然可以体现出存在的普遍性和圆满性。

如果"善"涉及行动，"美"涉及沉思，则"真"来自智慧和知识。它要求理解、观察、分析和比较，它建立在世界和理性的连贯性上，若没有这种连贯性，就会出现虚假。这个活动除了它自身以外没有其他目的，它要求走得更远，因为真理从来不会在它的完整性中得到实现。"真"是词语和现实之间的匹配，存在于特定的想法与产生它的原因之间，介于表象与存在之间。因为，"真"预设"假"，暗示某个实体与另一个实体的不一致性，这在本体论上被认为是优越的。"真"更注重世界的现实，更深刻地认识到人类生存的戏剧性，对幸福的关注不如"善"与"美"。

我们注意到这三个概念各自以自己的方式表达存在或存在的统一性。这往往使它们成为绝对的，使它们人格化，使它们神化，并把它们比作至高无上的存在，它们的对立物仅是存在的缺乏和丧失或存在的终止。

（35）"存在""行动"与"思考"

问题：人类的主要现实是什么？

事物的存在或本质可以用"真""善""美"这三个概念来理解。然而，对于人类来说，什么构成了他的本性呢？存在就是充分的答案了吗？或者能够进行思考才更为关键，因为思考本身具有它的特殊性？或者人必须采取行动，对世界造成影响，才能算作具体的、历史性的存在？人的基础是什么？人类是一种动物或一种特定的存在，这意味着每个人都是人，因为基因的关系，从一开始就是人。第二种回答意味着只有智人才是人，因为他们会思考，这表明了他们与动物世界之间的断裂，可以说是第一个智慧的痕迹，因此他们可以被视为人类的起源。第三种回答则认为人类的本性和他们的起源在于对世界发挥作用的能力，例如工具的制造和使用能力，这些行动的能力才是人类的特征。

除了简单的人类学和历史问题外，这个区别涉及我们对世界的认识，为我们理解个人的存在提供了指导作用。随着时间的流逝，为了存在而继续存在，这是否就是我们进入这个世界最初的冲动？通过设想存在，回答存在是什么，它提供什么，它的局限是什么，它的丰富意义是什么。这种态度产生天真和即时的幸福感，但又对所有人的努力造成腐蚀性的冷嘲热讽。那么，为了存在，我们必须要思考吗？无论是通过理性、学术、知识、艺术创作还是文化来丰富自己的存在,都能够为生活提供意义和尊严。这是一种能够提高人的精神和理想的态度,然而,在极端的情况下,这种态度或许会让人在对待生活、世界和人的行动时,变得圆滑狡诈或愤恨不平,甚至完全无视这些现实。那么,我们必须把世界连在一起,无论是物质世界还是人类世界,我们必须对世界采取行动,如此我们的生命才有价值吗?人类的价值被界定为他的行为、他的行动能力、他的工作,这些都会影响和改变他的环境。这样一种态度,既重视整个人类,让一切都能付诸行动,也可能轻视人、残酷地对待人,仅出于一种产能上的考虑,为了追求效率和即时性。

(36)"人类学""认识论"与"形而上学"

问题:是否有一个视角主宰其他视角?

这三个术语是哲学的主要分支,也是哲学传达出的对世界的看法。对于人类学来说,哲学全然是人的事情。人不仅是个思维主体,而且是单一性或集体性的客体,是最重要的客体。思考一切事物的立足点,都是历史性的人,也是生物性的、理智的、心理的、政治的和社会的人——我们假设人类是最重要的。认识论主要关注知识和知识的条件,不关心认识的主体。它的规范性促成了它引以为傲的科学性和确定性——主体将自己作为一个观察者,像一个验证事物的实验者一样观察。它怀疑任何主观性，因为它要求触及有形及物质的现实，由此确认它的程序和判断。

形而上学探究超越人类和宇宙的本质，因为我们的现实世界是由超越于它的另一种特殊现实产生的，或者受到这一特殊现实的制约。这种"第一现实"可被视为理想的现实，或超越心灵和物质的任何性质的现实。物质和人、世俗的知识，只是超越性存在的某种不完全的显现，或者是某种绝对的存在或类似的存在的残存影像——更准确地说，这种存在的影像是象征性的。通过这些影像，我们可以认识到超越性的存在。

虽然这三个哲学领域涵盖了连续和相关的现实，可以毫不困难地对事实进行解释，但它们也倾向于产生对世界的认识，通过激活它们的具体选择，通过它们对立和排他的假设及假设的后果发挥作用。因此，多数特定的哲学思想或世界观自然地融入这些视角之中，按照既定的观点来阐明不同的领域和它们之间的关系，确立思想和存在的一个阶级结构。

(37)"心理""道德"与"法律"

问题：什么决定人类的行动？

人们通过不同的方式来决定他们的想法或行为，以不同的方式对它们进行评估或分析。

第一个决定因素是心理，也就是说，想法和行动的起源是个体的本能、冲动和需求，无论是原始的还是受过教育的。这种决定可能是情感上的，也可能是理智的，因为思想或理性有时会成为人的精神需要。这就是我们所说的主观性。

第二个决定因素是道德。也就是说，动机涉及一套书面或默许的规则或原则，作为一种规范的理想，预先决定每个人的行为，甚至他的思想。这种道德往往符合特定的文化，因为它从小就塑造个人，但它也可能是个人化的，因为个体能够从社会背景中脱离出来，或者进行反抗。它也可以与主观性一致，因为它可能会被后者整合，也可能与后者发生冲突。一般来说，精神需求的即时性与道德所体现的智慧之间始终存在某种心理紧张或进退两难的困境。尽管如此，我们可以把道德看作一种感觉，这并不会阻止它与其他主要的、与能立即满足快乐有关的感觉发生冲突。善与恶是这一领域使用最广泛的概念，无论善与恶的性质是什么。

第三个决定因素是法律。它通常涉及成交规则或法律条文，在违反的情况下必然受到处罚，尽管人们也可以涉及"自然权利""丛林法则""现实原则""最小行动原则"或其他这类原则。法律领域不提供意见或建议，它制定法律并强制执行，但在道德领域中，区别并不总是如此清晰。法律领域并不关心主观性，除非在极端情况下，如个体精神错乱，这通常会使个体无须对成文法律负有责任。对于法律而言，恐惧扮演了重要的角色，因为这种制约是持续的，甚至是残酷的。这种胁迫甚至可以被认为是种异化，因为它全然否定主体，或被视为一种奴役，但它的优点在于限制了主体性的误差，而对此，道德只是采取一种虚弱或模糊的方式。法律的专断、任意的性质也在合法性和正当性之间产生了一种紧张关系，因为某些法律可能被认为是不道德的。

第十三章
障碍与解决办法

下面的清单列举出了在反思和讨论中的常见困难。它是在一系列哲学启蒙作品集——由纳森编辑团队出版的《哲学入门》的框架内完成的。它可以作为哲学实践的补充工具,使我们更好地理解思想建构的要求。

这里提到的各种障碍或解决办法有时彼此非常接近。在讨论过程中,它们会存在重合,因此对于同一处错误,我们在表达时可以进行替换或叠加。

1. 障碍

(1) 意义的偏移

偷偷摸摸、不知不觉地改变想法或命题,将其转换成一个特别接近的表述,但却是完全不同的意义。

例如,将"每个人都有自己的观点",转变为"每个人都有权持有自己的观点"。第二个命题意味着持有观点是正当的，而这个想法并不一定包含在前者之中。（参见"鲁莽草率""固执己见"）

（2）相对的不确定性

说明各种主观的观点是多样的且不确定，拒绝回答或解释一个想法，或拒绝检验它的意义，经常使用"它取决于""它依据""它比这更复杂"……

例如，对于"真理是个有用的概念吗？"这个问题，有人可能简单地回答"这取决于每个人自己的想法"。（参见"模糊的概念"）

（3）虚假的不证自明

将一个惯例、一个陈腐的说法认为是无可辩驳的，仅因其表面上显而易见的性质便对其加以证明，这实际是一种逃避或偏见，或欠缺思考。

例如，将下列命题视为理所当然："真理不是一个，而是很多个。"但有人可能会反问，为什么真理这个名词可以被用作一个有意义的普通名称，被用作一个概念？（参见"崇尚教条""用数量辩解""固执己见""二手的见解"）

（4）崇尚教条

这是一种思维的态度，认为一个特定的想法是无可争辩的，而且是自足的，且匆忙地陈述它，甚至重复它，而不试图证明它的正当性，不探究它的预设和后果，不试图去检验它，甚至不思考一个对立的假设。这意味着一种思想的衰竭，因为它阻止任何可能的质疑。

例如，某人断定"无知与知识对立"，却不思考"有意识的无知如何促使人们学习"。（参见"固执己见""虚假的不证自明""二手的见解""简化观点"）

（5）用数量辩解

通过列举许多未经证实的说法，以毋庸置疑地断定此前表达的命题。

例如，"每个人都同意：我们有权表达我们自己的见解。"数量所体现的普遍性就其自身而言什么都证明不了，除非它得到明确的说明。（参见"崇尚教条""虚假的不证自明""二手的见解"）

（6）二手的见解

承认一个想法或命题，仅仅因为该想法或命题已经得到了传统、习惯或社会周遭的权威的证实，或得到了专家或某种"永恒本质"的肯定。

例如，使用下列的表达来肯定"每一个人都有自己的真理"这个命题："历史向我们证明了……""自古以来，人们就知道……""哲学家所说的……"或"社会是建立在……的观念上的"。（参见"用数量辩解""崇尚教条""固执己见""虚假的不证自明""简化观点""鲁莽草率"）

（7）鲁莽草率

急于回答的一种态度，甚至在不清楚问题的情况下就回答，没有提前辨别跟问题有关的各种因素。它可能会造成混淆和错误解读。

例如，对于"真理是一个必要的概念吗"这个问题，一个人回答说"每个人都有自己的真理"，没有耗费心力去考虑真理是否是必要的，以及真理的多样性在何种程度上回答了真理是否必要的问题。（参见"意义的偏移""崇尚教条""固执己见"）

（8）固执己见

在反思的时候，我们的信念导致我们拒绝分析和检验我们的言论，以至于我们不用思考其他意义的可能性就继续发言。

例如，当支持"我们的意见属于我们"的观点，并继续发言时，并未回答下列异议："公众的意见忽视了自身的来源，并对此茫然无知。"这可能是因为拒绝提出的异议，或因为没有花时间处理这样的反对意见。（参见"崇尚教条""模糊的概念""简化观点""虚假的不证自明"）

（9）未被解释的例子

不恰当地使用例子，认为举例是叙述的唯一形式，或认为单是举出例子就足以证明一个想法或论点，但却没有提供分析来说明例子的意义和有效范围。

例如，在证明"我们发明知识"这个概念时，举了爱因斯坦的名字作为例子，但却没有其他解释。（参见"模糊的概念""虚假的不证自明""简化观点"）

（10）模糊的概念

对概念的使用不正确或断章取义，导致没有充分解释某个命题，没有探索它隐含的假设及分析它的各种可能后果。对于自身采取的立场，也没有提供完整的论证逻辑。

例如，"没有理性就没有知识。"但是，"理性"一词在这里是否指的是"原因""推理""意义"或"意识"等概念？命题可能因为各种解读而发生非常大的变化，产生不同且可能彼此对立的意义。（参见"崇尚教条""鲁莽草率"）

(11)简化观点

随意选择和证明一个观点,却没有思考问题或概念的所有内容,因此降低了它的真实意义。对一个想法提出理性的证明,但却没有保持批判的立场。

例如,对"我们必须捍卫我们的观点吗?"这个问题,有人做出了肯定的回答,但仅着眼于阐述这个观点,而没有考虑到这个观点可能会限制个体的反思。(参见"崇尚教条""固执己见""虚假的不证自明""二手的见解")

(12)不确定性造成的思考瘫痪

在反思的过程中,因为存在两个或多个矛盾的选择,思维受到抑制,没有任何一方占据上风,也没有人敢于分析目前的课题或进行质疑。

例如,开始说"一个人必须捍卫自己的见解",后来又说"智慧知道如何改变自己的见解",然后一个人便在这两个论点之间犹豫,最后的结论是这个问题很困难,无法得到解决。(参见"模糊的概念""难以质疑")

(13)综合的错觉

拒绝单独地思考一个想法的两个或多个组成元素,执意维持它们的虚假整体性,因而无法恰当地评估有关的矛盾与对立,也无法进行质疑及思考各种与之相关的情况，只以表面的方式来解决矛盾。

例如，"对每个人来说，意见和感受都会很好地融合在一起。"在这里，重点是说明两者如何达成一致，同时也要说明两者为什么可能是相互矛盾的。（参见"难以质疑""丧失整体性"）

（14）丧失整体性

忘记了构成一个想法的各种要素之间的联系，采取碎片化（和分点描述）的方式，这将损害思考主题的整体性，这是在思想发展过程中对思想连贯性的破坏。

例如，"我们是否有权表达我们认为是真的的东西？"在这个问题的回答上，一开始处理合法性和知性的层面，甚至阐述这方面的一个质疑，接着从道德层面讨论这个问题，但却没有将这些新的讨论与前面已经完成的工作相联系。（参见"难以质疑""综合的错觉""简化观点"）

（15）谬论

在论证过程中违反基本的逻辑规则，但却没有意识到这种违反行为或为这种违反提出辩解。

例如，肯定"对一个人是有效的真理，对所有的人也都是有效的"，但却没有说明或证明为什么在这种情况下，"个体"变成了

"普遍性",这样的操作违反逻辑定理。(参见"虚假的不证自明")

(16)难以质疑

反思不够充分,当在给定的主题上遇见两个或多个矛盾的命题时,犹豫或拒绝阐述它们。然后,开始在两个命题之间摇摆不定,甚至攻击它们,而没有进行恰当的处理或通过质疑来真正连结它们。

例如,在不同的时候提出以下两个不同的命题:"每个人都有权表达他的见解"及"特定见解应被禁止表达"。它们被轮流陈述或被结合在一起,如果没有通过质疑的形式对它们进行阐述,调和它们的矛盾并得出相应的观点,那么最终就只能面对矛盾而难以决断。实际上,在进行质疑之后,我们可以提出下列陈述:"一个人可以表达他的见解,只要他没有违反法律或道德义务,也没有侵犯旁人。"(参见"综合的错觉""简化观点")

2. 解决办法

(1)暂停判断

暂时搁置任何偏见,陈述和研究给定命题或问题的各种可能情况。

例如，即使认为"每个人都有权表达他的见解"，也可以先暂停自己的信念，由此对问题进行研究与质疑。（参见"批判的立场""思考不能思考的"）

（2）完成一个想法

研究及管理命题的重要元素，辨认它的预设或后果，解释它的不同意义或细微之处。

例如，如果有人陈述了这样一个想法："知识让人自由"，则应从感官、理性、意识或常识等方面来说明知识的意义，或者再次选择其中一个意义，说明它，并解释它的后果。（参见"完成的质疑""引入关键的概念"）

（3）批判的立场

对一个问题提出质疑或反对意见，对它进行分析并验证其限度，从而界定它的内容，加深对它的预设和后果的理解，并说明它的问题。

例如，如果我们陈述"真理是必要的概念"这个观点，我们可以提出"真理会呈现出对特殊性的否定，对现实性的否定，对主观性的否定"来加以反对，并对这些反对的观点做出回应。（参见"暂停判断""思考不能思考的"）

（4）思考不能思考的

想象和提出一个假说，分析它的含义和后果，即使我们的先验信念和我们最初的推理似乎拒绝这种可能性。接受通过论证而被我们认识到的一个假说，即使直觉上我们似乎无法接受它。

例如，如果一开始的假说是"知识解放人类"，试图证明相反的立场："知识是存在的障碍。"（参见"暂停判断""批判的立场"）

（5）分析例子

引用或创造一个例子，然后再进行解释，提出一个问题或概念，研究它们，解释它们或检查它们的有效性。

例如，如果要捍卫"真理是个危险的概念"这个论点，可以举宗教激进主义的例子，并说明真理如何服务于意识形态，为它做辩护，因而损害个体的思想和自由。（参见"完成一个想法""引入关键的概念"）

（6）引入关键的概念

在思考新观点或新想法时，引入关键概念，以阐明问题或澄清问题。这个概念的作用是避免毫无意义的相对主义，例如"这得看情况"，以澄清某些假设，并建立想法之间的联系。

例如，为了证明"知识解放人类"的观点，可引入"意识"的概念并加以解释。（参见"完成一个想法""完成的质疑"）

（7）进行质疑

将同一主题的两个或多个截然不同或相互矛盾的命题简明地联系起来，以表达一个问题或提出一个概念。问题可以采取问句的形式，也可以采取表达问题的命题、悖论或矛盾的形式。

例如，为了处理"美"的问题，可提出两个命题："真理是一个普遍的原则"和"真理是一个主观的概念"，然后以一个问题的形式来阐述一个质疑："个人是否可以获得真理？"或者使用肯定的形式："对每个人来说，真理的概念都是从特殊到普遍的重要通道。"（参见"完成一个想法""引入关键的概念"）

奥斯卡的另一本著作——《与庄子哲游》

法国应用哲学家奥斯卡用 逻辑思维 复盘庄子
带你体会不一样的庄子哲学

　　凭借着对庄子的浓厚兴趣，奥斯卡对庄子哲学进行了深入的研究。本书中，他选取了庄子的七个故事进行哲学解读。每个故事背后，作者都以逻辑思维进行了复盘，并将其切割成了四个不同的角度来详加阐述。作者擅长运用提问来启发读者思考，比如在每章末尾分别提出10个理解问题和10个反思问题，使读者在享受故事趣味性、感受观点新奇性的同时，深刻地理解庄子故事背后的哲学意蕴。

图书在版编目（CIP）数据

哲学实践的艺术/(法)奥斯卡·柏尼菲著；(美)褚士莹译.--北京：华夏出版社有限公司，2022.10

书名原文：The Art of Philosophical Practice

ISBN 978-7-5222-0250-1

Ⅰ．①哲… Ⅱ．①奥… ②褚… Ⅲ．①哲学－通俗读物 Ⅳ．①B-49

中国版本图书馆 CIP 数据核字(2022)第 006945 号

Copyright © 2019 Oscar Brenifier
All rights reserved. Simplified Chinese Copyright © 2022 Huaxia Publishing House Co.,Ltd.

版权所有，翻印必究。

北京市版权局著作权合同登记号：图字 01-2022-4293 号

哲学实践的艺术

著　　者	［法］奥斯卡·柏尼菲
译　　者	［美］褚士莹
审　　校	张梦怡
策划编辑	朱　悦　陈志姣
责任编辑	陈志姣
版权统筹	曾方圆
责任印制	刘　洋
装帧设计	嫒　嫒　殷丽云
出版发行	华夏出版社有限公司
经　　销	新华书店
印　　刷	三河市少明印务有限公司
装　　订	三河市少明印务有限公司
版　　次	2022 年 10 月北京第 1 版　2022 年 10 月北京第 1 次印刷
开　　本	880×1230　1/32 开
印　　张	11
字　　数	200 千字
定　　价	49.80 元

华夏出版社有限公司　地址：北京市东直门外香河园北里 4 号　邮编：100028
网址：www.hxph.com.cn　电话：（010）64663331（转）
若发现本版图书有印装质量问题，请与我社营销中心联系调换。